Historisches Stadtlexikon von

Malchow

Hannelore & Edwin Kuna

Haff Verlag

2014

Bibliografische Information:

Die Deutsche Nationalbibliothek verzeichnet diese Publikation in der Deutschen Nationalbibliografie; detaillierte bibliografische Daten sind im Internet über dnb.d-nb.de abrufbar.

Historisches Stadtlexikon von Malchow

Hannelore & Edwin Kuna

Das historische Stadtlexikon führt mit ausgewählten Begriffen von A-Z durch die Geschichte von Malchow, einer mecklenburgischen Landstadt.

1. Auflage
Print: ISBN: 978-3-942916-71-4

Ebook-Ausgaben:
PDF: 978-3-942916-13-4
EPUP: 978-3-942916-25-7

© 2014 Haff Verlag
Haff-Verlag, Dr. Edwin Kuna
Grambin 2014

A

Aalfang

Seit den frühesten Zeiten gehörte der Aal zu
den hoch begehrten Speisefischen, daher war der
Aalfang streng an Fischfangrechte gebunden. Das
Kloster Malchow erwarb am 2. Januar 1333 von
den Edlen Gerslav von Walow, Pritzbur von Kargow, Pritzbur von Kelle und Dubeslav sämtliche
Fischfangrechte am Kölpinsee. Die besonderen
Aalfangrechte galten für die Gewässer der Inselstadt Malchow bis über das Dorf Jabel hinaus
(also auf dem Fleesen- und Kölpinsee). Üblich
war es auch, dass Besitzer ihr Fischereirecht ver-
pachteten, um finanzielle Einnahmen zu erzielen.
Am 21. Dezember 1345 verkaufte Johann Pritzbur
zu Küz (bei Damerow) dem Kloster Malchow die
Pacht auf jährliche 24 Schillinge an dem Aalfang
im Kölpinsee.

Abendmahl

1704 zählte die evangelische Kirchgemeinde
Malchow 96 Mitglieder (mit Familien). Um diese
Zeit wurde die Abendmahlsfeier jedes Quartal im
Jahr durchgeführt. Zu diesem Anlass hielt der
Pastor immer 2 Gottesdienste ab, denn die Ge-
meinde war es gewohnt, sich aufgrund ihrer star-
ken Mitgliederzahl in zwei Gruppen aufzuteilen.

Ab dem 19. Jahrhundert ließ die Teilnahme der Gemeindemitglieder am Gottesdienst und seinen religiösen Handlungen nach. 1811 erließ der Großherzog von Mecklenburg Schwerin einen Aufruf, der besonders Würdenträger des Staates und Hof aufforderte, den Kirchen- und Abendmahlsbesuch nicht zu versäumen. 1862 lag die Abendmahlsbeteiligung der Christen im gesamten Großherzogtum Mecklenburg-Schwerin bei 39,3 Prozent, wovon sich vermutlich Malchow nicht ausnahm.

Ablager

Allgemeine Pflicht zur Aufnahme und Verpflegung des Landesherrn mit Hofstaat während seiner Reisen, die später besonders mit den Jagden verbunden wurde, dies galt für die Städte, die Priesterschaft, den Adel und für sämtliche Untertanen. Zu Malchow war seit ältesten Zeiten das Nonnenkloster mit dem Ablager zur Unterkunft und einem besonderen vierzehntägigen Hasenjäger-Ablager beschwert. Letzteres wurde dem Kloster 1572 von der Landesherrschaft erlassen, als die Klöster Dobbertin, Ribnitz und Malchow der Ritterschaft als adlige Damenstifte übergeben wurden.

Ackerbürgerstadt

Die Stadt auf der Insel und ebenso teilweise die Neustadt, trugen lange Zeit den Charakter eines Ackerbürgerstädtchens. Viele Familien ernährten sich vom Handwerk und zum großen Teil von der kleinen Landwirtschaft, mit Ackerbau und Viehzucht. Selbst Handwerker hielten gewöhnlich Nutzvieh, um das familiäre Einkommen aufzubessern und die Küche zu bereichern. Für diese Lebensweise wurden Stallungen auf den Hinterhöfen errichtet und Ackerflächen oder Gärten auf dem Festland wurden gepachtet. Die Feldmark der Stadt betrug Anfang des 19. Jahrhunderts 506 Morgen Ackerland und 150 zweispännige Fuder Heu.

Adel

Der Adel war ein mit vielen rechtlichen und politischen Privilegien ausgestatteter sozialer Stand. In Mecklenburg nahm der Adel traditionell den Wohn- und Wirtschaftssitz auf dem Land ein. Nachweislich gab es im Mittelalter auch in einigen Städten wie in Malchow bedeutende Vertreter, die dort den Bürgerstand erwarben.

Von den einflussreichen, frühen Edlen wurde die Adelsfamilie (von) Pape bekannt. Im 14. und 15. Jahrhundert besaßen die Adelsfamilien wie die (von) Düstervoldt oder Krevestorp Mühlengrundstücke und Mühlenbauten auf dem Festland. Wegen der besonderen sozialen Stellung und dem Besitztum, kamen aus ihrer Mitte im Laufe der Jahrhunderte angesehene Bürgermeister und Ratsherren. Als Zeichen ihrer herausragenden Position urkundeten sie privat bei Rechtsgeschäften mit eigenen Siegeln.

Affenwald

Heutiger touristischer Anziehungspunkt auf der Sommerrodelbahn mit einer Großfamilie Berberaffen in einem 1,8 Hektar großen Naturgehege. Das Herkunftsland der Tiere ist Marokko. Der direkte Kontakt mit dem sympathisch, frechen Affenvölkchen ist für alt und jung ein großer Spaß und eine lustige Begegnung.

Agnes

Gemahlin von Nicolaus IV. Herr zu Werle-Goldberg, genannt Poogenoge (geb. vor 1331, gest. zwischen 14. März und 13. November 1354). Agnes war vermutlich eine Tochter der Tochter Ulrich II. von Lindow-Ruppin. Die Fürstin Agnes erhielt anlässlich ihrer Heirat vom Schwiegervater Fürst Johann III. von Werle-Goldberg am 6. Juli 1346 die Stadt und das Land Malchow zum Leibgedinge, wie es seine verstorbene Gemahlin bereits innegehabt hatte.

Das Leibgedinge sollte beim Tod des Ehegatten der Witwe zum persönlichen Unterhalt dienen.

Tatsächlich verstarb ihr Gemahl 1354, daraufhin verehelichte sie sich bald wieder mit Herzog Johann I. von Mecklenburg-Stargard. Fürstin Agnes verstarb nach 1361.

Agraringenieurschule

Die Agraringenieurschule Malchow setzte die seit 1916 am Fleesensee bestehende landwirtschaftliche Ausbildungstradition fort, die mit der Gründung der „Wirtschaftlichen Frauenschule auf dem Land" begann. Die Ingenieurschule nahm 1. September 1967 die Arbeit auf und 1968 wurden erstmals Studenten immatrikuliert. Die Ausbildung schloss bis 1985 mit der Fachbezeichnung Agrar-Ingenieur-Technologe ab. 1982 immatrikulierte die Bildungsstätte erstmals Studenten für die Ausbildung zum Agraringenieur der Pflanzen- oder der Tierproduktion. Afrikanische Studenten aus Sambia fanden ab 1984 Aufnahme. Nach der politischen Wende 1989 begann sich Fachschule auf eine marktwirtschaftlich orientierte Berufsausbildung umzuorientieren (Agrartechnik, Umweltschutz usw.).

Alban, Ernst

(Johann) Ernst (Heinrich) Alban wurde am 7. Februar 1791 in Neubrandenburg geboren und starb am 13. Juni 1856 in Plau. Der studierte Arzt wechselte aufgrund seiner technischen Neigungen zum Maschinenbauer, Ingenieur, Erfinder und Unternehmer. Alban betrieb in Plau seit 1840 eine bedeutende Maschinenfabrik mit Eisengießerei, aus der 1843 der Malchower Tischlermeister Johann Hallwachs eine Dampfmaschine für seine Maschinen-Lohnanstalt für Tuchmacher anschaffte. Ein Jahr später wurde auch in der Kaelert'-schen Tuchfabrik eine Albahn'sche Dampfmaschine eingebaut. Aufgrund dieser modernsten Technik konnte die Malchower Tuchfabrikation zum „Manchester" Mecklenburgs aufsteigen. 1845 wurde Dr. E. Alban die Ehre zu teil, als hoch angesehene und geschätzte Persönlichkeit in der Region die Passagierschifffahrt Plau-Malchow-Waren-Röbel zu eröffnen.

Altarbild

Das Altarbild mit Kreuzigung (Jesus am Kreuz) in der Klosterkirche von 1893 wurde durch den Dresdner Künstler Karl Andreae (1823-1904) geschaffen. Es war ein Geschenk der Malchower Stiftsdamen. Der Künstler hatte an der Kunstakademie in Düsseldorf studiert, er schloss sich künstlerisch der religiös orientierten Nazarener-Schule an und lebte ab 1856 in Dresden.

Zu seinen Werken gehören zahlreiche Altarbilder in sächsischen Kirchen. Großherzog Friedrich Franz II. von Mecklenburg-Schwerin beauftragte den bekannten Künstler mit der Neuschaffung und Restauration von Kirchenausstattungen in Mecklenburg.

Alte-Fähre

Gasthof in der Langen Straße, führte zuvor unter den Besitzern Carl Paape und Otto Drews den Namen „Zur Linde". Im 2. Weltkrieg trafen sich hier an den Wochenenden die französischen Zivilarbeiter und die aus anderen westlichen Ländern in der Region als Arbeitskräfte eingesetzt waren. Nach 1945 bis zur Vereinigung von SPD und KPD galt es als Stammlokal der SPD. Das Haus war Tanzgaststätte und Traditionstreff der Malchower Fußballer. Im Nebenbau befand sich die Kautabakfabrik Johann Dannehl, die noch kurze Zeit nach dem 2. Weltkrieg betrieben wurde.

Alter-Markt

Mittelpunkt des Gemeinwesens auf der Insel und damit Zentrum des historischen Altstadtkerns. Der Markt ist umbaut von der „öffentlichen Dreieinigkeit", dem historischen Fachwerk-Rathaus (18. Jh.) mit Stadtwappen, dem backsteinernen Amtsgericht und dem Standesamt mit dem niederdeutschen Spruch auf der Fassade: „Hochtitdag, du lustig büst, de annern Dag, du Sorgen mööst." Bis 1873 stand hinter dem Rathaus die Inselkirche, die durch ihren Abriss Bauplatz für das Amtsgerichtsgebäude schuf. Im vorigen Jahrhundert befanden sich auf dem Marktplatz eine Grünbepflanzung vor dem Rathaus mit Bäumen, die Minol-Tankstelle und ein Springbrunnen, der in die Neugestaltung des Platzes nicht mehr einbezogen wurde. Der alte Markt war und ist Platz für zentrale Veranstaltungen der Stadt.

Alt-Malchow (Alten-Malchow)

Ursprüngliche Siedlungsstätte am Südufer des Malchower Sees. Hierher wurde 1298 das Büßerinnenkloster aus Röbel (Neustadt) verlegt, unter Bischof Gottfried von Schwerin und unter Zustimmung des mecklenburgischen Landesherrn Nikolaus IV. von Werle sowie des Domstifts zu Schwerin, und bald mit Rechten und reichem Landbesitz ausgestattet. Später gehörte das Nonnenkloster dem Zisterzienserorden an. Im Umfeld des Klosters konnte sich die dörfliche Siedlung Alt-Malchow gut entwickeln, die bis 1933 eine selbstständige Gemeinde blieb und heute als Kloster Malchow Stadtteil ist.

Altstadt

Stadtteilbezeichnung für die Inselsiedlung Malchow seit Anfang des 18. Jahrhunderts, nachdem auf dem Festland ab 1723 die so genannte Neustadt errichtet wurde. Neue Häuser mit Straßen und Plätzen entstanden hier als Erweiterung des städtischen Gemeinwesens, da die Siedlungsfläche auf der Insel für die wachsende Einwohnerzahl nicht mehr ausreichte. Auch die Altstadt wurde nach 2 Stadtbränden in jener Zeit wieder aufgebaut, man gebot jedoch Sicherheitsabstände zwischen den Häusern einzuhalten, um bei einem Feuer das schnelle Übergreifen einzugrenzen.

Amt Malchow

Heutige staatliche Verwaltung mit acht umliegenden Gemeinden und der Stadt Malchow als Amtssitz. Das Amt entstand per Januar 2005 aus dem ehemaligen Amt Malchow-Land und der vormals amtsfreien Stadt Malchow. Mit der Neubildung des Amts schlossen sich die zuvor selbstständigen Gemeinden Adamshoffnung, Grüssow, Kogel, Rogez und Satow zur neuen Gemeinde Fünfseen zusammen und Walow gemeindete Lexow ein.

Amtsbediente

Das Klosteramt Malchow beschäftigte eine Anzahl von Arbeitskräften zur Verwaltung des Amts mit seinen 6 Dörfern, Mühlen und Einzelhöfen, ebenso zur Versorgung der Klosterinsassinnen.

11

Unter Leitung des jeweiligen Klosterhauptmanns gab es hier vereidigte Schreiber, die Küchenmeister, Amtsschützen, Amtsschweinehirten und Landreiter, Holzwärter, dazu Mägde, Knechte, Jungen, Schäfer, Hirten, Fischer und die Torhüterin des Klosters.

Amtsgericht

Nach 1879 mit der deutschen Reichsgerichtsreform gebildetes ordentliches Gericht erster Instanz, das zuständig war für zivile Rechtsstreitigkeiten und Strafsachen. Bis 1945 unterstand es in zweiter Instanz dem Landgericht Güstrow und in der 3. Instanz dem Oberlandesgericht Rostock. Vor der Eröffnung des Amtsgerichts bestand eine zusammengesetzte Gerichtsbarkeit in Malchow, auf die der mecklenburgische Großherzog mit einem Sechsel, die Herrschaft Flotow mit drei Sechsteln (bis 1837) und die Stadt selbst mit zwei Sechsteln Anspruch hatten. Heute ist das Amtsgericht Waren für den Gerichtsbezirk Malchow zuständig.

Amtsgerichtsgebäude

Mit Plänen seit 1877 wurde 1880 wurde für den Gerichtsbezirk Malchow ein zweistöckiges Gerichtsgebäude aus Backstein errichtet. Es entstand beim Markt der Altstadt in der Nähe des Rathauses mit einem Gerichtssaal im oberen Stock und rückwärtig anschließendem Gefängnisflügel. Das von Stier und Greif gerahmte Landeswappen im Giebel des Mittelrisalits und eine fast lebensgroße Terrakottafigur der Justitia in einer rundbogigen Nische der zum Marktplatz gerichteten Südfassade, kennzeichnen das ehemalige Amtsgerichtsgebäude. Nach umfangreicher Restaurierung (feierliche Einweihung am 16. Mai 2008) werden im Gebäude kommunale Amtsgeschäfte verrichtet.

Anfänge

Die deutsche Siedlung Malchow entstand auf einer Insel der Elde zwischen Fleesensee und Plauer See. Die günstige territoriale Lage machte eine Stadtbefestigung bis auf zwei Eingangstore überflüssig. Am 14. März 1235 verlieh Nikolaus I. von Werle der Siedlung das Schweriner Stadtrecht. Kirchlich gehörte Malchow zunächst zum Bistum Havelberg und kam 1252 zum Bistum Schwerin. 1298 zog das Büßerinnen-Kloster von Röbel an das Ufer der Elde (Alt-Malchow). Die Insellage erforderte zum florierenden Leben und Wirtschaften den Bau von Brücken. Es entstanden alsbald eine Stadtbrücke im Nordwesten und die „Lange Brücke", die Malchow mit Alt-Malchow verband. Letztere war zunächst privat und wurde 1292 von Nikolaus II. von Werle der Stadt übertragen.

Anlagen, städtische

Parkanlage, entstand um 1900 bei der Stadtkirche. Nachdem 1870-1873 die neue evangelische Stadtkirche auf einem ehemaligen Friedhofsgelände errichtet wurde, blieb dort noch Platz zur Anlegung von Grünanlagen, Baumbepflanzungen, Spazierwegen, Bänken usw., was der Wunsch der Bürgerschaft war. Solche „städtische Anlagen" entstanden vor und nach der Jahrhundertwende in vielen Städten Mecklenburgs und waren Ausdruck eines gewachsenen Erholungs- und Gesundheitsbewusstseins. Als Eingang erhielten die Anlagen ein in Backsteinen gemauertes Zierportal, das 1956 für den Bau des Filmpalastes abgebrochen wurde.

Anlegeplatz

Landestelle für die Personenschifffahrt mit Bollwerk, wurde früher auch industriell genutzt. Der Anlegeplatz wurde in den letzten Jahren völlig neu gestaltet, in Richtung Mühlenstraße erweitert und alte graue Betonflächen durch Kleinpflaster ersetzt. Das Bollwerk besteht jetzt aus Stahlspundwänden und bietet Sicherheit vor Uferschäden und Hochwasser. Den Passagieren wird mit Sitzplätzen und Imbissstand Komfort geboten.

Anna

Historisches Dampfschiff, das regional bekannt
war und die Schifffahrtslinie Plau-Malchow be-
fuhr. Dampfer „Anna" übernahm in der Saison
die Personenschifffahrt, im Herbst und Frühjahr
diente sie als Schleppschiff für die Flößerei und
die Lastkähne. Der Schornstein ging zum Kippen,
um Höhen begrenzte Durchfahrten zu ermögli-
chen. Die Dampfschifffahrt mit der „Anna" und
der „Fontane" aus Röbel auf den mecklenburgischen Oberseen gehörte der alten Schifffahrt an
und wurde später durch moderne Motorschiff-
fahrt abgelöst.

Apostelfenster

Die bunt gestalteten Glasfenster mit Apostelmo-
tiven in der Klosterkirche sind für den norddeutschen Raum in ihrer Ausgestaltung einmalig. Die
Fenster sind im neugotischen Stil gehalten und
mit lang gestreckten spitzbogigen Fenstern erfül-
len sie den Chorraum mit Licht. Sie stammen aus
der berühmten Innsbrucker/Tiroler Glasmalerei
und sind vermutlich nach dem Brand in der Johannisnacht von 1888 und dem Wiederaufbau der
Kirche durch Oberbaurat Georg Daniel angeschafft worden. Die Tiroler Glasmalerei & Mosa-
ikanstalt wurde im Jahre 1861 gegründet. Um
1900 wuchs die Firma zu einer der bedeutendsten

Unternehmen ihrer Branche in Europa heran und exportierte in die ganze Welt.

Archiv

Archive bewahren historische Urkunden, Akten, Bilder, Siegel und bilden somit das historische Gedächtnis einer Stadt. Trotz aller Bemühungen geschahen unabänderliche Ereignisse, die enorme Materialverluste mit sich brachten. Bei dem großen Stadtbrand von 1697 z. B. verlor die Stadt Malchow fast alle ihre mittelalterlichen Urkunden. Wichtige historische Nachrichten über Malchow aus ältester Zeit waren lange nur in Fremdarchiven aufzufinden. In der DDR-Zeit (um 1963/64) wurden die noch vorhandenen Archivalien in das Archiv nach Schwerin, Außenstelle Ludwigslust, ausgelagert. Nach der Zurückführung der Archivalien, 68 Meter laufende Akten vom Ende des 18. Jahrhunderts bis 1963, besitzt die Stadt wieder ihr historisches Gedächtnis.

Armenkasse

Finanzielle Sammlung der evangelischen Stadtkirche zur Unterstützung von mittellosen Gemeindemitgliedern, die sich in sozialer Not befanden, das waren hauptsächlich altersschwache, gebrechliche Menschen usw. Die Armenkasse kam zustande durch die Spenden in den Klingelbeutel bei Gottesdiensten sowie in besonderen Fällen und Anlässen durch Kollekten. Die Armenkasse wurde gemeinsam mit der Predigerwitwenkasse von 1822 bis 1960 geführt.

Ausdämmen

„Ausdämmen" war Anfang des 19. Jahrhunderts nach einem Bericht im „Freimüthigem Abendblatt" von 1826 ein tatkräftiges Malchower Schlagwort. Offiziell wollten sich die Besitzer der an den Seen grenzenden Grundstücke durch Errichtung kleiner Dämme vor Überschwemmungen oder gar Hochwasser in ihren Gärten schützen, inoffiziell bedeutete das besagte Wort aber Landgewinnung. So fuhren die Malchower emsig Sand an, um das eigene Grundstück zu vergrößern. Der Malchower See schien groß genug, um einige Quadratmeter für Land abzutreten.

Ausschussbürger

Gewählte Bürger der Stadt in der Gesamtzahl von Acht, die neben dem Bürgerworthalter und vier Viertelsmännern den Bürgerausschuss von Malchow im 19. Jahrhundert bildeten. Sie vertraten die Interessen der Bürgerschaft gegenüber dem Bürgermeister und Magistrat. Ihre Meinung und Zustimmung musste zu wichtigen kommu-

nal-politischen Entscheidungen herangezogen
werden.

Autobahn 19

Autobahn Rostock-Berlin, sie wurde am 7. Oktober 1978 nach acht Jahren Bauzeit mit der An-
schlussstelle Malchow eröffnet. Über den Petersdorfer See bei Malchow musste eine Autobahn-
brücke geführt werden. Die Strecke beginnt im
Norden Rostocks, kreuzt heute die A 20 am Kreuz
Rostock, zieht sich durch die (ehemaligen) Land-
kreise Bad Doberan und Güstrow, überquert hier
die Recknitz, verläuft östlich des Krakower Sees
und durchschneidet im alten Landkreis Müritz
die Mecklenburgische Seenplatte. Nördlich von
Wittstock/Dosse wird die Landesgrenze nach
Brandenburg überquert.

B

Bäcker

Die Bäcker gehören mit zu den ältesten Gewerken der Stadt Malchow und waren in einer Zunft bzw. Amt organisiert. Nach einer Zunftrolle, die vom Rat und mitunter vom Stadtherrn bestätigt werden musste, regelten sie untereinander die Arbeit, die Lehrlingsausbildung, Gesellenwanderung, Meisterprüfung bis hin zu Fragen von sozialen Unterstützungen in Notfällen. Die Meister teilten sich streng in die Sparten der Grob- und Roggenbrotbäcker und in Weißbrot- und Kuchenbäcker, dabei durfte niemand die Waren des anderen backen. Um 1700 gab es in der Inselstadt die Bäckermeister Klingeberg, Schmidt und Kosegart, welche die Leute mit Brot und Kuchen versorgten.

Badestelle Lenz

Langer Badestrand mit seichtem Wasser und großer Liegewiese am Lenz und seit langem ein beliebtes Ausflugsziel für Malchower und Warener. Fahrgastschiffe von Waren an der Müritz bis Plau am See unternehmen in der Saison regelmäßige Fahrten und legen auch am Anleger des Lenzer Kruges an. Für die Radler führt um den Plauer See der Radweg durch den Lenz. Vom Lenz können herrliche Wanderungen durch die unberührte Natur unternommen werden.

Bahnhof

Der Bahnhof liegt am nördlichen Stadtrand und wurde 1885 von der Mecklenburgischen Südbahn-Gesellschaft errichtet und betrieben. Der Malchower Bahnhof hat ein zweigeschossiges Bahnhofshauptgebäude mit zwei eingeschossigen Anbauten, die früher wahrscheinlich als getrennte Warteräume unterschiedlicher Klassen genutzt wurden. Der gesamte Bahnhofkomplex ist traditionell aus Backsteinen errichtet.

Becker, Otto

Historiker und wurde am 17. Juli 1885 in Malchow geboren und starb am 17. April 1955 in Kiel. Becker erhielt eine umfangreiche Bildung, er studierte in Heidelberg, Freiburg i. Br. und Berlin. Er promovierte 1909 und war von 1912-1914 Dozent an der Kaiserlichen Staatshochschule Okayama. Er geriet in die politischen Ereignisse dieser Zeit, beteiligte sich an der Verteidigung Tschingtaus, woraufhin er eine 5-jährige Gefangenschaft durchlebte. Er kehrte 1920 zurück nach Deutschland und übernahm die Geschäfte der Notgemeinschaft der deutschen Wissenschaft. Becker wurde 1924 in Berlin für Mittlere und Neue Geschichte habilitiert, ab 1927 wirkte er an der Universität in Halle als Ordinarius, ab 1931 folgte er dem Ruf an die Universität Kiel. Becker veröffentlichte umfassende wissenschaftliche Arbeiten zur deutschen Geschichte.

Becker, Firma

Tuchfabrikant mit der Firma Becker & Co., er führte sein Wohn- und Geschäftshaus in der Güstrower Straße 121. Nach 1945, im Zuge der Enteignungswelle, wurde nur ein Teil der Beckerschen Fabrik demontiert, in einem anderen Teil gründeten frühere Tuchmacher im Juni 1946 eine Genossenschaft. 1947 konnte wieder unter großen Schwierigkeiten schrittweise die Produktion anlaufen. Aus alten Maschinen wurde eine Reißerei aufgebaut, sowie eine Spinnerei und 1948 konnte einige neue Webstühle angeschafft werden. Von anfänglich 7 Beschäftigten erweiterte sich die Anzahl der Arbeitnehmer auf 70 im Jahr 1972. Die Beckersche Begräbnisstätte befindet sich auf dem städtischen Friedhof.

Belower See

Dieser heute nicht mehr vorhandene See gehörte anfänglich wie der Wangelin-See und Lochser See der Stadt Malchow an, später zu der Klosterforst Malchow. Alle drei Seen sind nördlich der Nossentiner Hütte auf der zwischen 1767 und 1787 erstellten Schmettauschen Karte noch eingetragen, danach wurden die Gewässer abgelassen und in fruchtbares Wiesenland umgewandelt. Nach dem Belower See benannte sich ebenso ein benachbarter alteingesessener Adel: derer von Below.

Betke, Laurentius

Geistlicher in Malchow während der Reformationszeit, trat um das Jahr 1550 neben dem Pfarrer Martin Bambam für die neue Lehre Martin Luthers ein. Während der Pfarrer Bambam hier weiter wirkte, musste Betke wegen grober Anklage die Stadt verlassen. Er war bei einer Kirchenvisitation beschuldigt worden, die Einkünfte der Heiligen Kreuz-Kapelle treulos verwaltet zu haben.

Biestorf

Altes Dorf und heute Ortsteil von Malchow. Die Bischöfe von Schwerin erhielten 1232 einen Ort Namens Biestorf von den mecklenburgischen Fürsten geschenkt, den sie zunächst verpfändeten und dann wieder zurück einlösten. Bis 1366 hatten die Bischöfe hier eine kleine Veste (Burg), die sie wegen üblen Streitigkeiten mit dem Adel schließlich aufgaben und schleifen ließen. 1408 belehnte Bischof Rudolph von Schwerin einen Ritter Drewes „Vlotow" mit dem Dorf Bistorf.

1587 lag Biestorf wüst nieder (ohne Einwohner), war aber noch ein Gut derer von Flotow. Letzter Gutsbesitzer von Bistorf war um 1829 A. Goldberg (auch von Lenz). Im Verlauf seiner Geschichte war Biestorf immer wieder Sitz von forstwirtschaftlichen Verwaltungen und ist heute Sitz einer Revierförsterei des Forstamtes Wredenhagen.

Blanck, Gottfried

Tuchmachermeister. Er kaufte 1929 aus der Konkursmasse der Werkgenossenschaft Malchower Tuchfabrikanten die Tuchfabrik auf. Das Fabrikgebäude war erst nach 1903 erneuert und vergrößert, sowie mit technisch modernem Maschinenpark ausgerüstet worden. Der Vorgängerbau wurde durch einen Brand zerstört. Blanks offene Sympathie für den Nationalsozialismus führte 1947 zur Enteignung der Fabrik und Überführung in Volkseigentum. Auf dieser Betriebsstelle entstand das spätere Werk 1 der Norddeutschen Volltuchwerke Malchow.

Blücher, Ulrich

… war ein berühmter preußischer Generalmajor und war der jüngste Sohn des Klosterhauptmanns zu Malchow und Landrats für das Herzogtum Schwerin, Ernst v. Blücher. Er wurde am

12. März 1836 in Kloster Malchow geboren und starb am 19. Dezember 1907 in Rostock. Blücher trat 1860 in das mecklenburgische Dragonerregiment Nr. 17 in Ludwigslust ein, er kämpfte in den Feldzügen 1866 und 1800/71. Dabei erhielt er das Eiserne Kreuz 2. Klasse und das mecklenburgische Militärverdienstkreuz. Seine militärische Laufbahn verlief glänzend, 1867 wurde er Rittmeister, 1879 zu Major befördert, 1886 wurde er Kommandeur des 1. Brandenburgischen Ulanenregiments Kaiser Alexander II., 1890 Kommandeur der zweiten Kavalleriebrigade; 1891 Abschied als Generalmajor. Ulrich Blücher schrieb ein „Taschenbuch des Geschlechts von Blücher" (1893).

Blütengarten Malchow

Der Blütengarten wurde 1976 bis 1981 schrittweise mit einer Fläche von 9486 qm auf einer wilden Mülldeponie nach den Gartengestaltungsregeln von Karl Foerster angelegt. In die moderne Planung wurde ein 25 Jahre alter Bestand von Waldkiefern einbezogen. Seit 1981 wurde der Garten jährlich zum Frühlingsfest für das Publikum geöffnet. Seit 1992 ist der Garten auch in den Tourismus eingebunden und kann jährlich ca. 1500 Besuchern aus allen Teilen Deutschlands, der Schweiz und Österreichs zählen.

Bodenreform

Die Landesverwaltung Mecklenburgs beschloss am 05. September 1945 mit der Verordnung Nr. 19 die „Demokratische Bodenreform". Das Land von ehemaligen Großbauern und Gutsherren wurde an Tagelöhner, Umsiedler, Flüchtlinge und sonstige Personen (auch Handwerker, Angestellte, etc.) verteilt. 1936 bestanden in Malchow und Umgebung noch 5 Güter mit einer landwirtschaftlichen Nutzfläche (LN) von über 500 ha und 1 Betrieb mit über 1500 ha (Allodialgut Alt Schwerin mit Glashütte, Mönchbusch und Ortkrug mit 3381,7 ha, das sich 1921 im Besitz der Frau Schlutius befand). Insgesamt belief sich die LN des Territoriums auf etwa 5024 ha im Jahr 1936 und 5174 ha auf das Jahr 1944. Eine der großen Wirtschaften war das Klostergut Alt Malchow mit einem Bauhof von 510 ha, das seit 1921 Pächter Henning v. Lücken verwaltete.

Bolter Kanal

Noch bevor es die schnelle Eisenbahn gab, war der Wasserweg ein Haupttransportweg für schwere Lasten und weite Wege. Von 1798 bis 1803 wurde die Elde vom Einfluss der Reke (Elde) in den Kölpinsee kanalisiert. 1831-1837 wurde der Bolter Kanal ausgebaut, wodurch die Müritz-Havel-Wasserstraße entstand. Der Bolter Kanal verband über die Schleuse Bolter Mühle das südöstliche Ufer der Müritz mit dem Caarpsee. Damit war eine schiffbare Verbindung der Eldegewässer zu den Havelgewässern geschaffen, die auch heute noch als Alte Fahrt bekannt ist. Etwa 100 Jahre später entstanden mit dem Müritz-Havel-Kanal und der Schleuse in Mirow ein neuer Verbindungsweg. Anstelle der Schleuse Bolter Mühle steht heute ein Wehr. Der Bolter Kanal ist heute Teil des Müritz-Nationalparks.

Bonbonfabrik

Der Malchower Betrieb für Süßwaren wurde am 15. Januar 1946 in den Räumen der ehemaligen Brauerei in der Wasserstraße gegründet und arbeitete bis 1953. Etwa 45 Frauen fanden hier ihren Arbeitsplatz. Danach wurde das Fabrikgebäude unterschiedlichen Nutzungszwecken zugeführt. So diente es zeitweise als Annahmestelle für Sekundärrohstoffe und für Heilkräuter. 1982 fiel es einer Brandstiftung zum Opfer. Die Herstellung von Süßwaren hatte in Malchow bereits vor dem Krieg eine Tradition, in der Güstrower Straße gab es den Kunsthonig- und Bonbon-Fabrikanten Oscar Busse. Auch dieses Gebäude wurde durch einen Brand 1982 vernichtet.

Brauerei

Gutes Bier aus Gerstenmalz, Hopfen und Wasser wurde fast zu allen Zeiten in der Stadt Malchow gebraut. Der Bierbrau zum Verkauf erforderte im Unterschied zum Hausbrau (Eigenbedarf) stets die Genehmigung vom städtischen Rat und war traditionell an den Hausbesitz gebunden. Das sollte sich mit der Industrialisierung, der Gewerbefreiheit und neuer Braumethoden grundsätzlich ändern. 1861 gegründete sich in Malchow der erste Braubetrieb mit eingestellten Arbeitern. 1904 entstand die Dampfbrauerei Chr. F. Lange und per 1908 firmierte sie unter der Dampfbrauerei Lange & Sohn. 1910 gab es in Malchow die Brauhaus GmbH und ab 1912 das Brauhaus V. Lederer.

Brückenwärterhäuschen

Nach der Inbetriebnahme der Drehbrücke wurde ein Aufenthaltsgebäude für den Brückenwärter nötig, das wohl nur notdürftig erbaut war. Mehrmals am Tag wurde die Brücke mit gehöriger Manneskraft durch Kurbeln geöffnet und geschlossen. Im Jahr 1991 wurde die Modernisierung der heutigen Drehbrücke vorgenommen, dazu gehörte die Einrichtung eines Schaltraumes für die Unterbringung der Technik in einem neuen Brückenwärterhäuschen in der Größe von 9,86 x 5,40 m. Außer dem Schaltraum und Aufent-

27

haltsraum hatte es einen Sanitäraum und einen Nebenraum für Funk. Nachdem das Brückenwärterhäuschen nicht mehr gebraucht wurde, musste es der Stadtarchitektur weichen.

Bührings Hotel

Ehemaliges bekanntes Hotel und Gastwirtschaft in der Güstrower Straße 23 mit Seitenflügel und Lichtspieltrakt. Mitte der 50ger Jahre war der Kino-Betrieb der „Schauburg" aus Gründen des unzureichenden Brandschutzes nicht mehr aufrechtzuerhalten, die Mängelliste war umfangreich. Ein modernes Kino wurde in Aussicht genommen und 1957 wurde der Film-Palast in der Kirchenstraße gebaut.

Bülow, Friedrich von

Friedrich von Bülow war Oberförster, der 16. Dezember 1895 in Malchow verstarb. Ab 1889 war er Forstassessor und 1890 wurde er Jagdjunker. V. Bülow wurde nach Bützow versetzt, war Administrator der Revierförsterstelle zu Bobzin und später Förster in Testorf. Ab 1892 war er Verwalter der Forstinspektion Malchow.

Burg

Östlich der Insel befand sich eine slawische Burg mit einem Heiligtum, die nach schriftlichen Zeugnissen während des Wendenkreuzzuges 1147 zerstört wurde. Nachdem 1164 der Slawenherzog Pribislaw Mecklenburg erobert hatte, zog er gegen Malchow und nahm die wieder aufgebaute Burg ein. Zur gleichen Zeit rückte Sachsenherzog Heinrich der Löwe nach Malchow vor. Vor der Burg ließ Heinrich seinen Gefangenen den Obodritenprinzen Wartislaw öffentlich vor aller Augen beider Heere und seines Bruders Pribislaw, für dessen verräterischen Abfall erhängen.

Büßerinnen

Abkürzende Bezeichnung für den katholischen Orden der „Schwestern der Heiligen Maria Magdalena von der Buße" (die Magdalenerinnen genannt). Im Mittelalter gehörten ihnen Nonnen von Röbel an, die 1298 nach Malchow umgesiedelt wurden. Nach ihrer weißen Kleidertracht wurden sie auch Reuerinnen oder Weißfrauen genannt. Der Frauenorden entstand innerhalb der Bußbewegung des 13. Jahrhunderts zur Pflege und Rettung gefährdeter und verwahrloster Mädchen und Frauen. Später konnten ebenso unbescholtene, freiwillig büßende Frauen in das Kloster eintreten. Ab 1232 erhielten die Büßerinnen von Papst Gregor IX. die Augustinusregeln und lebten später nach den Konstitutionen der Zisterzienserinnen. Die Klosterregeln waren streng, etwaige Überschreitungen wurden hart bestraft. Die Nonnen lebten in Klausur, sie waren zur Arbeit und zum Schweigen verpflichtet. Die Heiligen waren Maria Magdalena (die bekehrte Sünderin aus dem Neuen Testament) und Johannes der Täufer.

C

Chaussee

Die Wege und Straßen in Mecklenburg waren
bis Anfang und Mitte des 19. Jahrhunderts sehr
schlecht ausgestaltet, wovon die Literatur (u. a. F.
Reuter) vielfach berichtet. Maximal hatte man die
Wege mit Weidenknüppel, Sand und vereinzelt
mit Feldsteinen ausgelegt. Das Reisen war kein
Vergnügen und Abhilfe konnten nur neue moderne Steinstraßen schaffen, die man damals Kunst-
straßen oder nach der französischen Sprache
Chausseen nannte. 1831 wurde mit dem Bau der
Rostock-Neubrandenburger Chaussee mit Kopf-
steinpflaster und Sommerweg begonnen, der 1834
weitgehend abgeschlossen war. 1848-1849 arbeitete man am Chausseebau Malchow-Waren-Neu-
brandenburg. Die Chausseen veränderten mit
teilweiser neuer Wegeführung entstand auch eine
veränderte Landschaftskultur.

Chausseehaus

Für die Benutzung von Mecklenburgs neuen
Chausseen verlangte der Staat eine Straßenbenut-
zungsgebühr (Chausseegeld) nach festgesetztem
Tarif. Eigens dafür wurden Chausseehäuser dicht

an die Straßen gebaut z.B. bei Malchow an der L
20 oder an größeren Kreuzungspunkten im Ab-
stand von etwa 2 Meilen (rund 15 km). Hierin
wohnte der Chausseegeld-Einnehmer mit Familie
und er ging dort seiner Arbeit nach. Fuhrwerks-
lenker mussten hier die Gebühr für die Weiter-
fahrt bis zur nächsten Hebestelle entrichten. Erst
nach Zahlung wurde der Schlagbaum geöffnet.
Bei langen Fahrten war mehrmals zu zahlen. Die
Einnahmen verwendete der Staat für den weiteren Straßenbau und für die Unterhaltung der
neuen Straßen. Mit der Errichtung und dem Aus-
bau des Eisenbahnnetzes verlagerte sich der Las-
tenverkehr von der Straße auf die Schiene. Die
Einnahmen der Chausseegeld-Hebestellen sanken
erheblich, sodass diese etwa ab 1880 nur noch an
sehr stark frequentierten Strecken geführt wurden.

D

Damenplatz

Der Damenplatz mit kleiner gärtnerischer Anlage war den Konventualinnen zur religiösen Einkehr sowie der weiblichen Geselligkeit im Freien vorbehalten. Er bildete einen 2. Innenhof der Klosteranlage und wird heute von 3 Seiten rechtwinklig umschlossen, von den Häusern 3 und 4 sowie der Rückseite des Westflügels von Haus 1, als dem ältesten Gebäude. Nach einer Karte von 1803 war der Platz ursprünglich vierseitig von Gebäuden umgeben. Vom Westflügel existiert ein Durchgang zum Damenplatz, der früher Fischgang genannt wurde. Der Überlieferung nach war es üblich auf dem Hof Fische an die Konventualinnen aus den klostereigenen Fischgewässern zu verteilen.

Dampfmolkerei

Die Betriebseröffnung des Milch verarbeitenden Unternehmens erfolgte 1889 in der Bahnhofstraße, mit moderner Maschinenausstattung. Die Molkerei war auf genossenschaftlicher Basis gegründet worden, sie unterstützte die Ackerbürger und Bauern bei der Ablieferung und Verarbeitung der Rohmilch zu Trinkmilch, Butter, Käse und Quark. Die Molkerei arbeitete in anderen Wirtschaftsformen bis zum Jahr 1979. Nach der Stilllegung des Betriebes erfolgte die Milchversorgung vom Müritz-Milchhof Waren.

DDR-Museum

1999 gegründete museale Einrichtung im ehemaligen Film-Palast Kirchenstraße 25. Das Gebäude wurde 1957 als Kino und Veranstaltungsstätte eingeweiht. Seit Oktober 1999 wird die Ausstellung ständig erweitert und ist gehört heute zu den wenigen Museen zur DDR-Alltagsgeschichte im Norden der Bundesrepublik. Dem Besucher werden interessante Gegenstände, Schriftstücke, Fotos u. a. zu den Themen Arbeitswelt, Kino, Hochzeit, Schulanfang und Jugendweihe, Freizeit oder Urlaub vorgestellt. Technikinteressierte bekommen Einblicke in Haushalts- und Verkehrstechnik und Fernseh- und Rundfunktechnik aus vierzig Jahren DDR.

Domina

Vorsteherin des Kloster Malchow. Seit der Reformation und Umwandlung des katholischen Klosters in ein Damenstift für unverheiratete adlige Frauen stand eine Domina dem Kloster in allen Belangen vor. Die Domina verantwortete das reli-

giöse und weltliche Leben in der Klostergemein-
schaft und sie vertrat das Kloster außerhalb der
Mauern. Die Wahl der Domina erfolgte allgemein
nach strengen Regeln durch den Konvent, wenn
es auch zwischenzeitliche Abweichungen gab,
durch die selbst die Provisoren und Klosterhauptleute wahlberechtigt wurden. Als letzte Domina
wurde 1944 Gertrud von Lücken gewählt, sie
verstarb im hohen Alter von fast 95 Jahren im
Jahr 1972.

Dominahaus

Wohnhaus für die Klostervorsteherin. Frühe
Hinweise auf ein separates Haus zur Verfügung
der Domina im Kloster Malchow stammen aus
dem Jahr 1622. Im 17. und 18. Jahrhundert scheint
das Gebäude wegen baufälliger Bereiche nicht
gänzlich bewohnbar gewesen zu sein, sodass es
Zimmer mehrmals beräumt und 1774 das Haus
ganz geschlossen wurde. Bis 1825 kam es zu einem Neubau, genaue Bauzeiten sind noch unbekannt. Das zweigeschossige noch heute erhaltene
Gebäude (Haus 2) beherbergte neben der Domi-
na-Wohnung auch den Chorsaal und an jedem
Giebel eine Wohnung. Für den sich anschließen-
den Kirchenneubau im Jahr 1849 musste eine
Wohnung aus Platzgründen weichen.

Drehbrücke

Nach dem Bau des Erddamms 1844-1846 musste ein Durchlass für den Schiffsverkehr geschaffen werden. Um 1845 entstand eine erste einfache Brücke zum Öffnen und 1862 wurde die erste Drehbrücke in Holzbau errichtet. Im Dezember 1912 ersetzte man die Holzbrücke durch eine moderne eiserne und breitere Drehbrücke, die ebenfalls manuell betätigt werden musste. In den letzten Tagen des 2.Weltkriegs wurde sie gesprengt, 1949 erfolgte der Neubau des Brückenwerks mit 70 Tonnen Traglast und sie wurde mit einem Elektromotor für den Drehvorgang ausgestattet. 1980 versagte ihre Funktion und sie musste stillgelegt werden. Die Schifffahrt endete beiderseits des Erddamms. Erst Ende 1990 folgte die vierte, die heutige Brücke, die offizielle Übergabe fand am 30. März 1992 (ohne Signalanlagen) statt. 2012/13 erfolgte eine Sanierung.

Dreifeldelderwirtschaft

Landwirtschaftliche Nutzungsart und Betriebsform ab dem Mittelalter, die hauptsächlich dem Getreideanbau diente und bei der die Viehwirtschaft eine untergeordnete Rolle spielte. Die gesamte Stadtfeldmark von Malchow wurde in der Regel in drei große Feldflächen aufgeteilt, von denen ein Ackerstück abwechselnd jeweils als Brache liegen blieb. Jeder Ackerbürger hatte seine gepachtete Parzellen in allen drei Feldern, was den Flurzwang bedingte, d. h., es musste von allen Landwirten zu gleichen Terminen gewirtschaftet werden: pflügen, misten, sähen, ernten usw. Diese Wirtschaftsform wurde nach 1717 durch die aus Holstein kommende Koppelwirtschaft abgelöst, die einer verstärkten Tierhaltung Rechnung trug.

Dreißigjähriger Krieg

Mecklenburg war vom Dreißigjährigen Krieg ab 1626 hart betroffen. Mecklenburgischer Landesherr wurde für drei Jahre Wallenstein und die Herzöge mussten bis 1630 im Exil leben. Nach 1630 griffen die Schweden in das Kriegsgeschehen ein und das Jahr 1637 wurde dann auch für Malchow ein schlimmes Kriegsjahr. Graf Gallas von der kaiserlichen Armee berichtete aus Malchow am 10. November 1637, dass hier seine Truppen dem schwedischen General Wrangel ein erfolgreiches Gefecht geliefert hatten. Die Bürger erlebten bittere Plünderungen und auch die für den Verkehr so wichtige Holzbrücke wurde zerstört, aus Geldmangel konnte man sie nach der Zerstörung nur notdürftig aufbauen. Dem Bürgermeister Blank gelang es trotz allen Widrigkeiten die Geschicke seiner Stadt selbstlos und mit politischer Umsicht zu leiten. Nach Friedensschuss 1648 wurde auf Befehl des Landesherrn Adolph Friedrich I. ein Dankfest gefeiert.

Dynamit-AG Alfred Nobel & Co

Die DAG erbaute 1938 im Auftrage der deutschen Oberheeresverwaltung für Kriegszwecke ein unterirdisches Sprengstoffwerk (unter der Tarnbezeichnung „Albion") 2 km westlich von Malchow. Die Rüstungsproduktion wurde ab Ende 1939 durch die Tochterfirma „Fabrik Malchow GmbH zur Verwertung Chemischer Erzeugnisse" weitergeführt, ihr gehörten anfangs ca. 2000 Beschäftigte an. Eigentümer wurde die Montan Industriewerke GmbH als ein Unternehmen des Deutschen Reiches. Damit sicherte sich der NS-Staat jeden rechtlichen Einfluss auf das Werk. Ähnlich wurde mit den Munitionsbetrieben in Barth, Boizenburg und Ueckermünde verfahren. In Malchow produzierte man Zünder, Sprengkapseln und Nitropenta, einen hochexplosiven Sprengstoff für Geschossfüllungen.

E

Einwohnerzahl

Die Einwohnerzahl erlebte im Verlauf der geführten Statistik ständig eine Erhöhung. Um 1800 erreichte Malchow die Einwohnerzahl von 800, 1810 von 832 Einwohnern. 1818 lebten hier 1476 und 1834 dann 2509 Menschen. 1843 berichtete die Statistik von 2546 Einwohner, darunter 86 Juden. Auf die Dreitausendermarke stieg die Einwohnerzahl von Malchow um das Jahr 1861, 1862 hatte die Stadt 3162 Einwohner. 1940 betrug die Einwohnerzahl 5098 Menschen.

Eissportanlage

Die Eissporthalle Malchow ist gegenwärtig neben denen von Rostock und Heringsdorf eine beliebte Sportstätte in Mecklenburg. Das im Jahr 1999 eröffnete Eisstadion fasst etwa 600 Zuschauer. Auf der Anlage trainieren und spielen die Eishockeyteams Malchower Wölfe und von der MSV Beinhart Klink (Wikinger und Gallier) für die laufenden jährlichen Meisterschaften und ringen um die begehrten Pokale. Das Hallen-Team bietet vielfältige Veranstaltungen wie Kindereislaufschule, gemeinsames Erwachsenenlaufen oder die

Eisdiskothek. Auch ohne Schlittschuhe ist man willkommen, denn die können ausgeliehen werden.

Engel, Christian Ludwig Bernhard

Er entstammte der berühmten Malchower Engel-Familie und brachte es ebenso zu hohem Ansehen als Großherzoglicher Mecklenburgischer Geheimer Hofrat. Engel wurde am 16. Juli 1788 auf Kloster Malchow geboren und verstarb 8. Januar 1871 in Röbel. Er absolvierte das Schweriner Gymnasium und studierte Juristerei in Heidelberg und Rostock. Nach seinem Abschluss wurde er Advokat in Güstrow, ab 1813-1815 beteiligte er sich an den Mecklenburgischen Befreiungskriegen. Danach war er ab 1815 Bürgermeister in Malchow, wo er seine politische Karriere fortsetzte, unter anderem wurde er 1848 Abgeordneter im mecklenburgischen Landtag.

Engel, Johann Jakob Christian

Der 1762 geborene Kandidat der Juristerei Johann Jakob Engel wurde am 10. Oktober 1786 Küchenmeister auf Kloster Malchow. Mit ihm erlangte das Amt des Küchenmeisters größere Bedeutung, sodass es innerhalb der Familie in drei Generationen weitergeführt wurde. Engel war 49 Jahre lang mit Charlotte Magdalene Sophie, geborene Schröder, verheiratet, die 1835 verstarb. 1813 schickte er seine vier Söhne als mecklenburgische Freiwillige ins Feld gegen Napoleon, darunter befand sich auch Friedrich Jakob Wilhelm, der später Nachfolger (ab 1819) im Küchenmeisteramt wurde. Von ihm wiederum übernahm sein Enkel Heinrich Franz Engel, ein ausgebildeter Jurist, das würdige Amt. Er trat sein Amt 1851 an übte es 51 Jahre lang bis zum Jahr 1902 aus. Unter dieser „Küchenmeisterdynastie" entstand die Parkanlage, heute bekannt als der Engelsche Garten. Auf dem Klosterfriedhof befinden sich noch drei gusseiserne Grabmale (Kreuze) der Familie Engel.

Engelscher Garten

Die Parkanlage innerhalb der Klostermauern zum Malchower See entstand in den Anfängen durch den Küchenmeister Johann Jakob Engel (Amtszeit 1786-1819). Die (ersten) Pappeln am See wurden schon zu seiner Zeit gepflanzt. Sein Wirken wurde von Nachfolgern innerhalb der Familie aufgegriffen und bis 1902 fortgeführt, die letzte große Gartenerweiterung in den Jahren 1856/56 wird dem Klosteramtsgärtner Schwiedeps zugeordnet. Durch das gesellschaftliche Zeitgeschehen vollzog sich 1919 die Verstaatlichung des Klosters, nach 1945 setzte eine grobe Vernachlässigung in der Pflege der historischen Anlage, die später zu veränderten Wegeführungen und teilweisen Verlusten des Pflanzenbestandes führte. In den 90er Jahren erinnerte man sich wieder an den Engelschen Garten und er wurde aufwendig instand gesetzt. Damit konnte die historische Anlage in seiner ursprünglichen Bestimmung als ein Ort der Ruhe und Besinnung, nunmehr der Öffentlichkeit zugänglich gemacht werden.

Erdbeben 1775

Im Jahr 1775 gab es in mehreren Regionen der Erde kräftige Erdbeben, das heftigste wurde aus Lissabon bekannt, in deren Folge die Stadt zerstört wurde. Ausläufer des Lissaboner Bebens machten sich auch im nördlichen Europa, in England, Mecklenburg und in Pommern bemerkbar. In Malchow erhielt die Klosterkirche durch Erschütterungen schwere Risse im Mauerwerk. Am Rand des Malchiner Sees, der Müritz-See und des Malchower Sees wurden durch unterirdische Hebungen Kreide- und Kalklager freigesetzt. Kreide und Kalk waren schon immer wichtige einheimische Baumaterialien. Bereits 1417 wurden die Kalklager bei Glocksin und Neuhof (Mecklenburg-Strelitz) durch Hans und Klaus Linstow dem Kloster Malchow verpfändet.

Erddamm

Feste Verbindung, die von der Insel nach dem Festland in den Jahren 1844-46 errichtet wurde. Vor der Aufschüttung des Erddamms stellte an dieser Stelle die so genannte „Lange Brücke" von 1292 bis 1637 die Verbindung zum Festland her. Danach wurde zeitweise ein Fährverkehr eingesetzt. Der Dammbau gestaltete sich schwierig und kostenaufwendig, da immer wieder ein Teil der Erdmassen vom Wasser weggespült wurde. Nach der Fertigstellung genehmigten die Landesherrschaft und die Stände am 12. Februar 1846 die Erhebung eines Dammzolls. Fußgänger mussten einen halben Schilling bezahlen und für jedes Pferd wurden 2 Schillinge eingenommen. Einheimische blieben aber vom Zoll befreit. Die Dammzollerhebung wurde an einen Unternehmer verpachtet und brachte jährlich etwa 1516 Taler ein. Nach der Inbetriebnahme des Erddammes musste durch eine Brücke ein Durchlass für die Schifffahrt geschaffen werden. Dem Erbauer des Erddamms, dem damaligen Bürgermeister Dr. Meyer, wurde auf dem Damm ein Gedenkstein errichtet.

F

Fachwerk

Fachwerkbauten mit Lehmstakung waren im 18. und noch Anfang des 19. Jahrhunderts in Malchow traditionell die bevorzugte Bauart. Die Baumaterialien Holz und Lehm (Ton) kamen aus der heimischen Umgebung, wodurch zugleich die Transportkosten sich in Maßen hielten, sodass preiswerte Wohnhäuser und Scheunen gebaut werden konnten. Die Zimmermänner fertigten den Ständerbau meist aus Tannenholz (als Tanne bezeichneten die Mecklenburger damals die Kiefer), die wertvolle Eiche wurde nur für die Sohlenbalken verwendet. Die neben den Fenstern und Türen freibleibenden Gefache wurden von „Klemern" mit einfachen Hölzern ausgefüllt und mit Lehm beworfen, so wurde das Fachwerkgebäude wind- und regendicht, wärmend und bot zugleich ein ausreichendes Wohnklima für den Sommer und Winter gleichermaßen. Mit der Errichtung der Stadtziegelei entstanden zunehmend Steinhäuser.

Fähre

Nach einer wiederholten Zerstörung der „Langen Brücke" im Jahr 1675 konnte die Brücke wegen fehlendem Geld nicht wieder aufgebaut werden. Der von der Stadt vorläufig eingesetzte Fährverkehr hielt den Transportweg aufrecht und blieb über einen langen Zeitraum bestehen, bis zum Bau des Erddamms 1844-46. Die Fähre mit begrenzter Landefläche wurde zum vielfältigen Transport genutzt wie von allen größeren Warenmengen, von Fuhrwerken, Vieh und natürlich durch Reisende. Die Inanspruchnahme der Dienstleistung musste auch gehörig nach einem Tarif bezahlt werden. Die Einheimischen waren weit weniger auf den Fährbetrieb zwischen Insel und Festland angewiesen. Sie hielten sich um 1830 etwa 200 kleine Kähne und Boote, um ihre Dinge zu erledigen.

Fischerei

Die Fischerei gehörte mit zu den traditionellen Haupterwerbszweigen. Der Malchower See war schon früh Stadteigentum geworden und die berufsmäßige wie private Fischereierlaubnis wurde den Leuten gegen Gebühr vom Magistrat erstattet. Ebenso zeitig, im Jahr 1287, erhielt die Stadt vom Landesherrn zu Werle den „Grüssowschen See" (Petersdorfer See) zum Eigentum übertragen. Wegen der starken Konkurrenz zu den Fischerei ausübenden Stadtbürgern erwarb das Kloster Malchow anderweitige Fischereirechte wie im Kölpinsee. Fisch, als Nahrungsmittel, war nicht nur bei den Wohlhabenden in Malchow eine begehrte Ware, sondern ersetzte allgemein auch bei den einfachen Leuten die teuren Fleischspeisen. Freilich aßen die einen teuren Fisch und die anderen den Armeleutefisch. Mit der Errichtung des Erddamms zu Mitte des 19. Jahrhunderts soll allerdings der Fischbestand von Aal, Zander, Barsch oder Hecht zurückgegangen sein.

Fleesensee

Der Fleesensee ist heute mit einer Fläche von rund 12 qkm und einer Tiefe von bis zu 26 m der neuntgrößte See in der Mecklenburger Seenplatte. Bis zur Mitte des 19. Jahrhunderts war der Fleesensee hier der ergiebigste Fischsee, dagegen galt der Malchower See bereits als sehr ausgefischt. Der Fleesensee wurde berühmt wegen seiner schönen Brachsen und Barsche, der Malchower See war bekannt wegen seiner Stinte. Bereits nach 1900 wurde der Fleesensee mit der Errichtung des Kurhauses (1906) für Genesungszwecke und für den Fremdenverkehr genutzt. Das Malchower Strandbad ist bis heute ein beliebtes Naherholungsziel. Ebenso ist der Fleesensee seit vielen Jahrzehnten ein Seglerparadies. Seit dem Jahr 2000 haben am Fleesensee große Unternehmen eine neue Urlaubslandschaft geschaffen.

Flotow

Die von Flotows sind eine altes mecklenburgisches, später in Deutschland weit verzweigtes Adelsgeschlecht, deren Stammreihe 1230 auf Stuer einsetzte. Ihre Adelsgeschichte ist mit der Geschichte von Malchow eng verbunden. 1354 verpfändete der Landesherr von Werle Stadt und Land Malchow für 6000 Silbermark an die von Flotow, womit die adlige Familie bis 1838 die Herrschaft über die Stadt erhielt. Über die Ursachen, die zur damaligen Verpfändung führten, gibt es verschiedene Nachrichten. Dieser Andreas von Flotow sicherte am 9. März 1354 den Bewohnern des Landes und der Stadt Malchow die alten Rechte und Besitzstände zu. Im Verlauf der 500 Jahre gerieten der Adel und Magistrat immer wieder in allerlei Streitigkeiten wenn es sich um wichtige Entscheidungen betreffend der Magistratsgeschäfte, Personal- und Finanzfragen handelte. Die von Flotow hielten auch drei Sechstel am Stadtgericht, 1 Sechstel lag beim Herzog und 2 Sechstel hatte die Stadt inne.

Franzosenzeit

Die Franzosenzeit begann für Malchow Ende Oktober 1806 mit starken Truppendurchmärschen. General Blüchers Armee marschierte auf dem Rückzug nach Lübeck am 30.10 aus dem Feldberger Raum über Neustrelitz und Neubrandenburg in Richtung Waren, dem die Truppen Napoleons schon praktisch auf dem Fuß folgten. Am letzten Oktobertag erreichte Blücher Waren, am 1. November Alt-Schwerin und Glave, in Alt-Schwerin nahm er seinen Hauptsitz und zwischen beiden Orten wurde bald lebhaft gefochten. Denn inzwischen war das erste Korps der französischen großen Armee, unter dem Marschall Prinzen von Ponte Corvo, von Neubrandenburg über Penzlin, Waren und Malchow vor Alt-Schwerin angelangt.

Beide mecklenburgischen Staaten kamen nach diesem ersten Kriegsgeschehen zu Napoleons Rheinbundländern. Mit der preußischen Erhebung 1813, der sich auch Mecklenburg anschloss, wurden die Franzosen endgültig besiegt und zurück gedrängt. Im Jahr 1813 wurde im Amtshaus des Kloster Malchow für die verwundeten Freiheitskämpfer ein Lazarett eingerichtet. Die mecklenburgischen Kontingente marschierten bis Paris, unter den später vom Erbgroßherzog Ausgezeichneten befand sich auch der junge Sekundärleutnant Ernst von Blücher (1793-1863), der 1829 Klosterhauptmann von Malchow wurde. Aber auch einfache Soldaten kämpften tapfer wie der Fußjäger Sodemann (dann schwer verletzt), Sohn des Postmeisters Sodemann aus Malchow.

Frieknecht, Friedrich Johann Karl

Frieknecht war Lehrer und Heimatforscher. Friedrich J. K. Frieknecht wurde am 4. Februar 1867 in Malchow geboren und verstarb am 4. Mai 1956 in Schwerin. Er absolvierte von 1882-85 das Präparandum in Neukloster, nahm danach eine Schulassistentenstelle in der Nossentiner Hütte an und schloss dann seine Ausbildung am Seminar in Neukloster ab. Es folgte eine Lehreranstellung in Wredenhagen und in der Hagenower Heide. Bekannt wurde Frieknecht durch seine von ihm verfasste Ortschronik zur Hagenower Heide.

G

Gahlbeck, Rudolf

Lehrer, Maler, Musiker und Dichter, geb. am 22. November 1895 in Malchow (Kreis Waren) und gestorben am 4. Oktober 1972 in Schwerin. Von 1908-14 besuchte der junge Gahlbeck das Realgymnasium zu Güstrow, wurde im 1. Weltkrieg Soldat und setzte 1918 seine Ausbildungen mit einem Germanistikstudium an der Universität Rostock und einem Studiengang zum Kunsterzieher an der Universität Hamburg, Staatliche Kunsthochschule, bis 1921 fort. Nach dem Studium ging er in den Schuldienst, wurde 1922 Hilfszeichenlehrer an der Realschule Schwerin und 1925 erfolgte die Ernennung zum Kunsterzieher im höheren Schuldienst. 1926 begann er seine künstlerische Ausbildung bei Prof. Bergmann in München und blieb zeit seines Lebens der Kunst verpflichtet. Obgleich er Lehrer blieb, gelang es ihm sich als Maler einen guten Ruf zu erwerben. Malerei und Dichtung waren für ihn eng miteinander verbunden. Gahlbeck gestaltete Arbeiten zur Farb-Ton-Forschung und veröffentlichte seine Erfahrungen in Fachzeitschriften. Er gilt als bedeutendster Darsteller der mecklenburgischen Landschaft. Auch schrieb und komponierte er Lieder, Konzerte, Oratorien und Libretti.

Gastwirtschaften

10 Gastwirtschaften gab es in Malchow zu Mitte des 19. Jahrhunderts. Die meisten waren einfache Krugwirtschaften, in denen Getränke und Speisen ausgegeben wurden, einzelne aber waren Wirtshäuser mit Übernachtung. In jener Zeit musste der Malchower Gastwirt Mecklenburgs Polizeigesetze genauestens beachten. Er durfte keinem wandernden Handwerksgesellen ein Nachtlager geben, die Burschen hatten sich auf der Herberge zu melden. Vor Aufnahme fremder und unkonzessionierter Künstler und Schausteller wurde er dringend gewarnt. Fremde Reisende sollten ihren Namen und Stand preisgeben, allabendlich 8 Uhr sollte ein Verzeichnis der angekommenen und abgereisten Fremden der Polizei überbracht werden. Krüger, die Landstreicher oder Bettler wissentlich beherbergten oder verheimlichten, sollten pro Person 2 Taler Strafe entrichten.

Gregorstag

Der Gregorstag ist als Gedenktag dem Papst Gregor I. (dem Großen) gewidmet worden, der am 12. März im Jahr 604 in Rom verstarb. Da dem Gregorstag bald Ostern folgte und damit das

Schuljahr endete, feierten die Malchower Chor-
knaben im 19. Jahrhundert diesen Gregorstag alljährlich als Schuljahresabschlussfest. Die Schul-
knaben schmückten sich mit Piken und Fahnen,
womit sie für jedermann sichtbar und auch laut
singend durch die Stadt zogen. Einer Tradition
nach konnten sich die herausgeputzten Kinder allerlei Naschwerk oder für die Tinte einen Schilling „ersingen". Wenn das Kleingeld in der Stadt
knapp wurde, verließ die lärmende Prozession
die Insel und marschierte in die zum Kirchspiel
gehörenden Dörfer.

H

Hamann, Gustav

Baurat. Er wurde am 6. April 1852 in Satow bei Malchow geboren und verstarb 3. März 1919. Ab 1882 war er am Wiederaufbau des abgebrannten Schweriner Hoftheaters beteiligt; 1887 wirkte er als Distriktbaumeister in Hagenow; 1888 war er Landbaumeister, ab dem Jahr 1902 Baudirektor und Vorstand des Stadtbaudistrikts Schwerin; 1914 wurde er zum Geheimen Baurat ernannt und erhielt 1916 die Verdienstmedaille des Groß-herzogs Friedrich Franz IV. in Gold. Hamann wirkte an 190 Bauplänen in der Zeit von 1883-1918 mit, insbesondere zu Rissen und Ansichten von Dorfkirchen und dem Schweriner Hoftheater.

Hartmann, Joachim

Theologe. Er wurde am 1. Januar 1715 in Mal-chow als Sohn eines Pfarrers geboren und verstarb 6. November 1795 in Rostock. Hartmann erhielt anfangs Privatunterricht und besuchte die Schulen in Parchim, Schwerin und Güstrow, wor-aufhin er ab 1731 in Rostock studierte. Danach wurde er Hauslehrer, später Adjunkt seines Vaters, absolvierte seine Magisterausbildung in Rostock und erhielt eine Anstellung als Prinzenlehrer in Schwerin. Zurück an der Universität zu Rostock wurde er zum ordentlichen Professor der Theologie ernannt, ebenso Superintendenten und Konsistorialrat. Er publizierte mehrere Schriften dogmatischen Inhalts und wurde 1790 Mitglied der Gesellschaft „Profide et Chistianismo" in Stockholm.

Heizen

Im Kloster Malchow führten die Koventualinnen ihren eigenen Haushalt. Holz zum Heizen war wegen der geringen Waldungen im Klosterbesitz knapp, weshalb die Klosterordnungen einen sparsamen Umgang mit dem Heizmaterial anordneten. Nach der landesherrlichen Ordnung für Mecklenburgs Frauenklöster von 1610 stand jeder Klosterjungfrau in Malchow im Jahr 20 Fuder Holz zu, womit sie aus-kommen mussten. Wenn Torf vorhanden war, wurden pro Person jährlich 16 Fuder Torf und 12 Fuder Holz erlaubt. Die Stadt Malchow war um 1700 am Südufer im Besitz eines größeren Torfmoores, was die Verhandlungen um Heizmaterial nicht erleichterte. Noch sparsamer als im Kloster Malchow mussten die adligen Damen im Kloster Ribnitz mit Heizmaterial umgehen. Nach der 2. und revidierten Verordnung von 1617 sollten die Jungfrauen nicht mehr als viermal im Jahr ein Vollbad nehmen.

Auch sollten die Domina und die Priorin ihre persönliche Leinenkleidung zusammen mit der Kleidung der Konventualinnen waschen lassen.

Hobe, Charlotte von

Dichterin. Sie wurde am 29. November 1792 in Chemnitz bei Stavenhagen geboren und verstarb am 11. April 1852 in Malchow. Ihr Vater war Mecklenburg-Strelitzer Hofmarschall. Charlotte von Hobe war in Malchow Stiftsdame. Zu ihren literarischen Arbeiten zählen Theaterstücke, die Gedichtsammlung „Nordische Blüten" (Berlin, 1818) und „Dramatische Dichtungen" (Neustrelitz, 1822: Propertia, Trauerspiel in 5 Aufzügen und der Gondelfahrer: Drama in zwei Abteilungen). Um 1820 zählte sie zu den etwa 100 dichterisch und literarische sich betätigenden Damen Deutschlands und fand Aufnahme in zeitgenössische Literaturbiografien.

Hochzeitsfeier

Im Kloster Malchow feierte man nach altem katholischem Brauch die Novizinnen-Hochzeiten, die anfänglich auch in reformatorischer Zeit begangen wurden. Jede Novizin, die in das Kloster aufgenommen wurde, beging die Klosterhochzeit mit ihrem „himmlischen Bräutigam" und alle Klosterdamen genossen die Freuden. Die Kloster-

hochzeit führte an so einem Festtag zur Ver-
schwendung von Geschenken, Essen und Trin-
ken, ja mancher Streit und Zwist entstand in deren Folge. Die Klosterordnung von 1610 setzte
diesen ausufernden Feierlichkeiten ein Ende, da
bereits vor Mord und Totschlag, wie es hieß, nicht
zurückgeschreckt wurde. Anstelle der Hochzeit
sollte eine neue Novizin dem Küchenmeister nunmehr 100 Gulden geben. Das Geld wurde mit
Zinsen angelegt und von den jährlichen Zinsen
sollten allen Konventualinen einen Anteil ausge-
zahlt erhalten.

J

Jahrmärkte

Zweimal im Jahr fand in Malchow ein großer Jahrmarkt statt. Dieses Recht meist war den Städten vorbehalten und wurde bereits bei der frühen Stadtrechtsverleihung von der Landesherrschaft zugestanden. Die Jahrmarkttermine wurden mit der Landesregierung abgestimmt und über die Landesgrenzen hinaus bekannt gegeben. Zu den Malchower Märkten am 20. Februar und am 9. Oktober kamen fremde Händler, Kaufleute und Handwerker mit ihren Waren in die Stadt, was große Aufregung in die Stadt brachte. Um am Markt teilnehmen zu können, brauchten sie einen Erlaubnisschein, den der Magistrat ausstellen konnte. Das Markttreiben begann in Malchow mit allerlei Unterhaltungen und Genüsslichkeiten stets am Vormittag der gesetzlich festgelegten Termine und ging damit über zwei Tage.

Jüdische Gemeinde

Juden wurden erstmals 1490 in Malchow benannt, aber schon im Jahr 1492 wurden durch den Prozess von Sternberg nach und nach alle Juden sämtlich aus Mecklenburg vertrieben. Erst um

1700 soll mit Salomon Jakauf, ein Garn- und Stoff-
händler, wieder ein jüdischer Einwohner sesshaft
in der Stadt geworden sein. 1797/1801 lebten
sechs jüdische Familien in der Stadt, 1802/03
fünf, 1804/10 sieben. 1811 bis 1819 sind es insgesamt 48 Personen. Im Verhältnis gesehen kam
1818 auf etwa 33 Christen ein Jude. Um 1810 hatte
sich die jüdische Gemeinde innerhalb des Landes-
rabbinats zu Schwerin gegründet. Erste Vorsteher
waren Joseph Moses und Salomon Jakob, zwischen 1820 und 1825 entstand eine Synagoge. Um
1840 bildete sich die jüdische Religionsschule, deren Lehrer waren zugleich Vorbeter und Schäch-
ter der Gemeinde. 1845 hatte Malchow 2887 Einwohner und darunter 86 Juden in 14 Familien.
1865 gab es im gesamten Großherzogtum Mecklenburg-Schwerin 3152 Juden.

Jüdischer Friedhof

Der jüdische Friedhof mit einer Fläche von 607
qm wurde vermutlich zwischen 1790 und 1800 in
Malchow angelegt. 1810 gründete sich ein von
einzelnen Mitgliedern der israelitischen Gemeinde gestifteter Privatleichenverein, der zur finanziellen Unterstützung der Hinterbliebenen im Todesfall eintrat. April 1920 ereignete sich die erste
schwere Grabschändung, diese Tat wurde von
den SA-Leuten in der Nazizeit wiederholt. Bis
1938 wurden hier 40 jüdische Einwohner beer-
digt. Per 28. September 1944 beschlagnahmte das

Deutsche Reich das Friedhofsgrundstück mit Grabsteinen und der Friedhofsmauer. Dafür wurden der Stadt 500 Reichsmark übergeben. 1988 wurde von der Stadt Malchow eine mit Palmenzweigen und Davidstern geschmückte Ehrentafel aufgestellt. 1993 wurden kaum noch Grabsteine vorgefunden, sodass nur eine einzige Grabstätte wieder hergestellt werden konnte. 1994 bis 1996 richtete man den jüdischen Friedhof wieder her, der heute von Schülern aus Malchower Schulen gepflegt wird.

K

Kahnschifffahrt

Etwa 200 Kähne fuhren um 1840 auf dem Malchower See. Die damals bestehende Fährverbindung zwischen Inselstadt und Festland war für das Wirtschaftsleben der Malchower nicht ausreichend, so mussten große und kleine Wassertransporte in die umliegenden Städte, nach Plau, Waren oder Röbel, organisiert werden. Nach Plau ging täglich von Malchow die Wasserpost eines privaten Unternehmens. Auf den Bau eines modernen Dampfschiffes in Eisen von Dr. Ernst Alban setzten die Kahnschiffer im Jahr 1845 einige wirtschaftliche Hoffnungen. Es sollte täglich die Passagiere zwischen Plau, Malchow, Waren und Röbel befördern und in freien Zeiten Kähne schleppen. Bis zu dieser Zeit waren die Malchower Kähne allein auf Ruder, Segel und Wind angewiesen.

Kapp-Putsch

Gescheiterter, rechtsgerichteter Putsch gegen die Weimarer Republik, der von Wolfgang Kapp und Walther von Lüttwitz mit Unterstützung von Erich Ludendorff angeführt wurde. Der Umsturzversuch begann am 13. März 1920 in Berlin und erfasste in den folgenden 5 Tagen auch verschiedene Ortschaften Deutschlands. Unterschiedliche Gruppierungen bewaffneten sich und es setzten militärische und politische Unruhen ein. In Malchow entwaffnete ein Aktionsausschuss von Vertretern der USPD, SPD und der Gewerkschaft den Gutsbesitzer von Flotow. Einige Betriebsbelegschaften beteiligten sich am Generalstreik. Vor dem Kloster Malchow kam es zu einer Massenkundgebung der Bürger der Stadt und der verschiedenen Parteien.

Kaufleute

Im Jahr 1843 befanden sich unter den 200 Gewerbetreibenden der Stadt Malchow 8 Kaufleute. Spezielle Waren nannte man Materialwaren wie Apothekerwaren, Gewürze, Öle und verschiedene Arbeitsstoffe. Aufgeführte Materialwarenhändler zu Malchow waren 1844 die Herren Binder, Engel, Dalitz, Kleinkamp, Krefft, Sodemann und Wiese. Der Anteil des Handels am Geschäfts- und Gewerbeleben nahm mit der Industrialisierung zu, um 1860 arbeiteten in Malchow schon 35 Kaufleute. Davon betrieben einige Kaufleute insbesondere im Textilverkauf einen Großhandel. Andere führten kleine und größere Läden mit den Waren des täglichen Bedarfs. Über Kaufmann Jacobsen wurde bekannt, dass er 1854 Mitglied des israelitischen Oberrats zu Mecklenburg wurde.

Kik un wunner di

Museale Einrichtung mit Kuriositäten und Raritäten aus dem kulturellen Alltag der Bevölkerung Malchows in der ersten Hälfte des 20. Jahrhunderts: alte Schulklasseneinrichtung, eine komplette Schusterwerkstatt, alte Telefone, Schreibtafel, Griffel oder eine Druckerei. Auf anschauliche Art und Weise erhält der Besucher interessante Einblicke in längst vergangene Zeiten. Die Dinge anzufassen, ist hier ausdrücklich erlaubt. Kleine Besucher können sich im Kinderzimmer mit Spielen und Malen beschäftigen. „Kiek in un wunner di" - Kurioses und Raritäten, ist eine Einrichtung im Klostergelände, inszeniert vom Kultur- und Sportring „Regenbogen" e.V.

Kloster Malchow

1298 wurde das Dorf Alt-Malchow Standort eines Nonnenklosters, da Fürst Nikolaus von Werle das Büßerinnenkloster zu Röbel an das Südufer des Malchower Sees verlegen ließ. Dem Kloster wurde das Patronat über die Kirchen zu Alt-Malchow, Neu-Malchow und Lexow (Gemeinde Walow) geschenkt und es wurde ausreichend mit Grundeigentum ausgestattet. Bald war das Kloster wirtschaftlich in der Lage Bauerndörfer, Seen und Mühlen zu erwerben. Erste Priorin (Vorsteherin) der Nonnen war die Tochter des Fürsten Nicolaus II., Elisabeth von Werle, um 1300. Später bestimmten zunehmend adlige Konventualinnen das Klosterleben. Im Verlauf des 15. Jahrhunderts hatte sich die Aufgabe der Büßerinnen erfüllt und die Nonnen schlossen sich den Regeln der Zisterzienser an. Nach der Reformation war das Kloster von 1572 bis 1923 ein adeliges Damenstift.

Klostermamt Malchow

Das Amt verwaltete den umfangreichen Klosterbesitz samt Klosterdörfern, Forsten, Seen, Mühlen, Fischereien, der Ziegelei und das Patronat über Kirchen und Schulen usw. und war wie die domanialen (landesherrschaftlichen) und ritterschaftlichen Ämter im 16./17. Jahrhundert entstanden. Aber schon zur katholischen Zeit gab es im Kloster einen geistlichen Propst, der die Wirtschaft führte. Nach der Reformation standen dem Amt leitende Provisoren und dann Klosterhauptleute vor, die dem Adel entstammten. Neben den wirtschaftlichen Aufgaben erfüllten sie auch landesherrschaftliche Funktionen bei der Durchsetzung von Gesetzen im Klostergebiet, zur Steuereinnahme usw. Weiterhin bildete das Klosteramt die erste Rechtsinstanz (Niedergericht) für die Einwohner der Klosterdörfer.

Klosterkirche

Die erste Klosterkirche wurde im 13. Jahrhundert aus Feldsteinen erbaut, im 14., 15. und 17. Jahrhundert umgebaut und hatte keinen Turm.

Die Glocken wurden von einem ostwärts stehenden, hölzernen Glockenstuhl geläutet. 1844 bis 1849 wurde die Klosterkirche als dreischiffiger kreuzrippengewölbter Bachsteinbau in neugotischen Formen nach Plänen von Friedrich Wilhelm Buttel (1796-1869) neu erbaut. Zuerst wollte man aber nur einen 172 Fuß hohen Turm bauen lassen, dann musste doch wegen Baufälligkeit die alte Kirche komplett abgebrochen und das gesamte Kirchengebäude neu errichtet werden. Das neue Gebäude erhielt eine gerade Ostschluss, querhausartige Anbauten und einen schlanken quadratischen Westturm. Nach dem Brand der Kirche von 1888 erfolgte der Wiederaufbau des Gotteshauses durch den Oberbaurat Georg Daniel aus Schwerin. Die Bauarbeiten führte die Malchower Firma der Brüder E. und C. Virck aus. Der Maler Michaelsen aus Wismar übernahm die Ausschmückung des Innenraums. Aus dieser Zeit stammt auch die reiche Ausstattung: fünf Fenster mit figürlicher Glasmalerei aus der Innsbrucker Werkstatt, Altarbild, Schnittsfiguren u.a.

Konzentrationslager

Das Konzentrationslager Malchow wurde vermutlich vom Winter 1943 bis zum 2. Mai 1945, dem Tag der Befreiung durch die Rote Armee, von den Nazis genutzt. Sommer 1943 wurde mit den Bauvorbereitungen begonnen und 10 Baracken für die Unterkunft von insgesamt 1000 Frauen errichtet. Tatsächlich erweiterte sich die Belegungszahl bis 1945 auf 5000 Insassen. Die Häftlinge wurden von den Wärterinnen schlecht behandelt, litten Hunger und unter ansteckenden Krankheiten wie Typhus und wurden zu schweren körperlichen Arbeiten eingesetzt. Seit Ende 1944 trafen Transporte mit KZ-Häftlingen und Wachleuten ein, die auf den Todesmärschen schon wochenlang unterwegs waren. Die Häftlingstransporte kamen aus dem KZ Ravensbrück, die Frauen sollten später nach Wismar gebracht und mit Schiffen versenkt werden. Malchow diente zu dieser Zeit als Zwischenlager.

Kroepelin, Hermann

Bankbeamter und Schriftsteller. Er wurde am 11. April 1874 in Malchow geboren und verstarb am 29. Mai 1946 in Berlin. Sein Vater war ein bekannter Tuchfabrikant, sodass er zunächst die Bürgerschule in Malchow besuchte und dann auf das Gymnasium in Waren kam. Nach seiner Ausbildung arbeitete er bei der Mecklenburgischen Sparbank und ging später nach Berlin an die Diskonto-Gesellschaft. 1902 kehrte er nach Malchow zurück und übernahm die Verwaltung der Mecklenburgischen Hypotheken- und Wechselbank. Der Literatur gehörte seine besondere Neigung und Anfang des 20. Jahrhunderts wurde er mit seinen Dichtungen „Wilde Rose" und „Jesus" bekannt.

L

Land Malchow

Das Land oder die Terra Malchow war ein abge-
grenztes militärisches und wirtschaftliches Ver-
waltungsgebiet innerhalb des großen Müritzgau-
es während der Slawenzeit (600-1200 n. Chr.). Der
hier im Müritzgau ansässige Slawenstamm wurde bekannt als Murizzi. Im Mittelpunkt des Landes Malchow lag das Castrum Malchow etwa östlich vom Kloster am See. Das Land Malchow er-
streckte sich südwärts bis Stuer und Darze, nördlich bildete die spätere Pfarre Wangelin die Gren-
ze. Mit der Christianisierung kam das gesamte
Müritzland zum Schweriner Bistum. Als im Januar 1170 Kaiser Friedrich den mecklenburgischen
Bischof Berno belohnte, fügte er seinem Bistum
Schwerin weiterhin Parchim, Cuthin (Quetzin)
und Malchow, mit allen Be-sitzungen beiderseits
der Elde hinzu. Mit den Städtegründungen im 13.
Jahrhundert verlor das Land Malchow durch die
von der Landesherrschaft begünstigten Städte Röbel und Waren seine bisherige Bedeutung.

Leibgedinge

Auch das Witthum genannt, diente es zur Absi-
cherung des Lebensunterhalts der Fürstin/Herzo-
gin für den Todesfall des Gatten. Leibgedinge
wurden schon bei Heirat, meist durch den

66

Schwiegervater oder Bräutigam, vertraglich fest-
gesetzt. Es umfasste in der Regel den späteren
Witwenwohnsitz und die zum Lebensunterhalt
dienenden finanziellen Einnahmequellen. Am 6.
Juli 1346 überwies Fürst Johann III. von Werle-
Goldberg seiner Schwiegertochter Agnes, Gemahlin seines Sohnes Nikolaus, Stadt und Land Malchow zum Leibgedinge, wie es schon seine verstorbene Gemahlin innehatte. Nikolaus von Werle
starb im Jahr 1354. Seine Witwe verheiratete sich
danach wieder mit Herzog Johann I. von Mecklenburg-Stargard. Um diese Zeit muss ein neues
Abkommen wegen des ihr verschriebenen Leib-
gedinges vereinbart worden sein.

Lessen, Friedrich August

Kaufmann, Offizier und Literat, er wurde am 7.
Juni 1780 in Malchow als Sohn des Küchenmeisters zu Kloster Malchow geboren und verstarb
am 21. Januar 1827 in Marlow. Lessen erhielt Privatunterricht, nahm ein Studium in Königsberg
auf. Später nahm er an den Freiheitskriegen teil,
wurde Premier-Leutnant und erhielt für seine
Tapferkeit mehrere Orden. Nach dem Friedens-
schluss entlassen, begab er sich bei Ausbruch des
griechischen Unabhängigkeitskampfes nach Grie-
chenland. Doch kehrte er bald nach Mecklenburg
zurück, da er die erwartete Aufnahme und Be-
handlung nicht fand. Fortan lebte er in Güstrow
in dürftigen Lebensverhältnissen und wurde be-

kannt durch seine plattdeutsche Reisebeschreibung: „Hellenia ein Taschenbauk (1824)." In Malchow gibt es einen nach ihm benannten Friedrich-Lessen-Weg.

Lexow

Heutiger Ortsteil von Walow im Amt Malchow-Land. Walow und Lexow haben zusammen etwa 560 Einwohner. Fürst Nikolaus von Werle schenkte am 29. Mai 1298 dem Kloster Malchow das Patronat über die Kirche zu Lexow. Der damals ritterschaftliche Ort im Besitz der Vasallen Hennekinus Budde und Gerhard Pape, kam also schon frühzeitig mit dem Kloster in Verbindung. Bald erwarb das Kloster auch den Landbesitz der Ritter, so dass aus einem Ritterdorf ein Klosterdorf wurde. Den Grundbesitz übergab das Kloster Malchow (spätestens) 1345 an das Kloster Dobbertin, das diesen durch seinen Sandprobst über Jahrhunderte verwalten ließ.

Die Kirche von Lexow aus dem 13. Jahrhundert ist ein kleiner Feldsteinbau mit äußerlich gerundeten, im Innern aber polygonal gestalteten Chorabschluss. 1888 erfolgte eine grundlegende Restaurierung mit Kirchturmanbau. Die früher flache Holzdecke erhielt eine hölzerne Wölbung. 2005 fusionierte Lexow nach Walow im Amt Malchow.

M

Malchower See

Lang gestrecktes Gewässer innerhalb der Mecklenburgischen Seenplatte im jetzigen Landkreis Mecklenburgische Seenplatte. Das Gewässer befindet sich vollständig auf dem Stadtgebiet von Malchow, besitzt eine Fläche von 2,36 km² und geht nordöstlich in den Fleesensee (11 km²) sowie im Westen über den als Recken bezeichneten Flussabschnitt der Elde in den Petersdorfer See über. Die größte Länge des Sees beträgt über vier Kilometer (ohne Recken) und die maximale Breite etwa 950 Meter. Der Gewässerspiegel liegt 62 m über dem Meeresspiegel. Das Seebecken wird geteilt durch die bebaute Altstadtinsel und den von Osten auf die Insel führenden Erddamm. Nach Westen hin besteht eine Verbindung an das Festland über die Malchower Drehbrücke.

Maltzan, Martha von

Geborene von Flotow, wurde am 22. Dezember 1843 in Kogel bei Malchow geboren und verstarb am 15. April 1883 in Langhagen. Martha von Maltzan war die Stifterin und Vorsteherin des mecklenburgischen Paramenten-Vereins (1876). Später wechselten die personellen Zuständigkeiten, es fanden sich stets Förderer bis der Verein schließlich seinen festen Sitz in Ludwigslust fand.

Mitglieder des Vereins waren insbesondere junge Frauen und Töchter, die ihre handwerklichen Fähigkeiten unter Anleitung künstlerisch weiter entwickeln wollten. Sie fertigten kunstvoll gewebte, gehäkelte oder gestickte Schmuckdecken für Altar, Kanzel und Taufstein in der evangelischen Kirche, wie Antependien (aufgespannte Vorhänge oder vorgesetzte Tafeln). In den ersten 25 Jahren des Bestehens hatten die Frauen in Mecklenburg über 3000 Handarbeitsstücke hergestellt, die auch international große Anerkennung fanden.

Maschinenanstalten

Kleine Fabriken, die zur Mitte des 19. Jahrhunderts in Plau, Parchim und Malchow mit Hilfe staatlicher Unterstützung entstanden, um insbesondere die Tuchindustrie zu fördern. Die Stoffe wurden nach wie vor von den Malchower Amtsmeistern in eigenen Werkstätten gewebt, jedoch wurde die Endfertigung der Tuche aus dem traditionellen Handwerk heraus gegliedert und einer maschinellen Bearbeitung zugeführt. In den kleinen Fabriken gab es Räume mit technischen und maschinellen Hilfsmitteln zum Weiterverarbeiten der gewebten Stoffe durch spezialisierte Arbeitskräfte, wie zum Säubern, Trocknen, Walken, Rauen, Scheren, Pressen der Tuche. In Malchow gründete sich die Halwachsche Maschinenanstalt als Privatunternehmen mit finanzieller Unterstützung durch den Staat. Der ehemalige Tischler-

meister hatte sich mit dieser Unternehmung fi-
nanziell überfordert. 1850 wies ein Etatentwurf
der Schweriner Landesregierung die vollständige
staatliche Übernahme der Malchower Anstalt für
13800 Taler auf, der aber letztlich abgelehnt wurde. Das Unternehmen wurde 1852 von der Stadt
Malchow aufgekauft und unter der Bezeichnung
„Maschinenlohnanstalt Malchow" modernisiert
und erweitert. Die Produktpalette war vielfältig
in ihrer Fertigstellung, von gewöhnlichen Tuchen,
Mitteltuchen bis zu feinen Tuchen hin, entstand
eine große Auswahl. 1856 gab es in Malchow 71
Tuchmacher, 2 Färber und 2 Tuchscherer. Später
wurde durch staatliche Unterstützung eine Ge-
nossenschafts-Tuchfabrik gegründet, in der das
Garn gesponnen wurde und die in den Dienst
von selbständigen Tuchmachern gelangte.

Mecklenburgische Südbahn

Die Mecklenburgische Südbahn verlief von
Neubrandenburg nach Parchim, mit Station Malchow, sie entstand 1883-85 als Privat- und Neben-
bahn auf dem Staatsgebiet von Mecklenburg-Schwerin und Mecklenburg-Strelitz. Schon im
Jahr 1863 sprach man in Mecklenburg von einem
künftigen Südbahn-Bau. Im Vorfeld des Baus versuchten nun die Bürgermeister von Parchim, Malchow, Waren ihre Interessen einzubringen. 1883
kam es zum Staatsvertrag und zur Bildung eines
Komitees. Am 20. Januar 1885 wurde die Strecke

mit einer Länge von 116,5 km mit dem Güterverkehr eröffnet, am 28. Januar folgte der Personenverkehr. In Malchow war für den Personen- und Güterverkehr ein Bahnhof errichtet worden. Per 1. April 1894 ging die Mecklenburgische Südbahn gleichzeitig mit der Lloydbahn in Staatseigentum ein und wurde der Großherzoglich Mecklenburgischen Friedrich-Franz-Eisenbahn eingegliedert. 1925 mit dem Bau des Schotterwerkes Rethwisch erhöhte sich das Frachtaufkommen auf der MSB erheblich. Im Juli 1945 erfolgte die Demontage der Gleise Kargow-Neubrandenburg. Bereits 1947 fuhren wieder Reise- und Güterzüge von Kargow nach Möllenhagen. 1968 wurde die Lücke zwischen Karow über Malchow nach Waren wieder geschlossen.

Meyer, Friedrich, Johann, Georg, Conrad

Bürgermeister und Hofrat. Ein Gedenkstein auf dem Erddamm erinnert heute an den Bürgermeister Meyer, der in dieser Weise von den späteren Stadtvätern für seinen persönlichen Einsatz am Bau der Landverbindung zur Insel geehrt wurde. Die feste Verbindung wurde in den Jahren 1844-46 errichtet. Der Dammbau gestaltete sich schwierig und kostenaufwendig, da immer wieder ein Teil der Erdmassen vom Wasser weggespült wurde.

In den Revolutionsjahren 1848/49 nahm Bürgermeister Meyer eine konservative, rechte Position ein und blieb staatstreu, was ihm den Titel „der gute Monarchist" einbrachte. Meyer unterstützte aber die Abschaffung der alten landständischen Verfassung. Er ließ in Malchow eine Volksversammlung, für die Militär angefordert worden war, unter-binden. 1849 wählte man Hofrat Meyer im 76. Wahlbezirk in die Abgeordneten-Kammer von Mecklenburg-Schwerin und er wurde neben Lützow, Stever und von Liebeherr einer der vier ersten konstitutionellen Minister der neuen Schweriner Regierung. Er unterzeichnete am 18. Oktober 1849 mit den anderen Ministern das Staatsgrundgesetz, mit dem Mecklenburg-Schwerin in die Reihe der konstitutionellen Staaten eingetreten war. Mit dem Freienwalder Schiedsspruch (11. September 1850) musste Mecklenburg-Schwerin wieder in die alten politischen, landständischen Verhältnisse zurücktreten, womit auch die Abgeordneten- und Ministertätigkeit von Hofrat Meyer endete.

Militärdistrikt

Rekrutierungsgebiet, woraus das Bundeskontingent des Großherzogtums Mecklenburg-Schwerin für den Deutschen Bund gestellt wurde. Die Malchower Söhne und Männer zählten zum südlichen Distrikt, östlicher Teil, innerhalb des Militärdistrikts Güstrow. Dieser Distrikt umfasste die Domanial-Ämter Wredenhagen und Stavenhagen, die ritterschaftlichen Ämter Wredenhagen, Stavenhagen, Neustadt und Bezirk Ivenack, das

Klosteramt Malchow und die Städte Malchow, Röbel, Waren, Stavenhagen und Penzlin. Der Distrikt hatte 1860 zu stellen 695 Mannschaften mit 3100 Rekruten (Soldaten) in der Körpergröße über 5 Fuß rheinische Zoll. Die Körpermaße änderten sich im Verlauf der Jahre, so betrug 1862 die durchschnittliche Größe der vom platten Lande gestellten Mannschaften 5 Fuß und 4,31 Zoll (169,22 cm). Die durchschnittliche Größe der von Städten gestellten Mannschaften betrug 5 Fuß und lediglich 4,25 Zoll (169,05 cm).

Mühlen

Im Mittelalter wurden in Malchow zahlreiche Mühlen hauptsächlich zum Mahlen von Brotgetreide und Biermalz betrieben. Die Malchower Bürger besaßen auf der Insel und auf dem Festland etliche Mühlenwerke wie die Tibboldsmühle (Vormühle), Herdersmühle, Schwertfegersmühle, Schwickowenmühle, Grüssower Mühle und Walower Mühle. Es kam nicht selten vor, dass sich an Bau und Besitz mehrere finanzkräftige Kapitalgeber beteiligten. Im Verlauf des 14. und 15. Jahrhunderts gingen fast alle Mühlen durch Verkauf in den Besitz des Kloster Malchow über. Für den Mühlenantrieb war ausreichender Windantrieb besonders wichtig; günstig für den Mühlenbetrieb waren deshalb eine freie und hohe Platzlage, woran aus der Zeit der Stadterweiterung ab 1723 auf dem Festland die dortige Mühlenstraße und der Mühlenberg, hinter der Mühlenstraße, erinnern.

Müller, Gustav

Apotheker. Er wurde am 9. Juli 1832 in Malchow geboren und verstarb in seiner Heimatstadt am 27. Juli 1913. Zunächst absolvierte er in Neustrelitz das Gymnasium, war Lehrling in Rostock, Apothekengehilfe in Salzwedel und Mayen. Danach übernahm er die väterliche Apotheke und wurde auf Grund seiner sozialen Tätigkeit ein angesehener Bürger der Stadt. Er arbeitete u. a. im Bürgerausschuss, war Gründer und Direktor des Vorschuss-Vereins und Vorstandsmitglied im Krankenhaus. An Ehrungen erhielt er das Goldene Kreuz des Großherzoglichen Hausordens der wendischen Krone. 1902 ernannte ihn die Stadt zum Ehrenbürger.

Müritz-Elde-Wasserstraße

Die Müritz-Elde-Wasserstraße ist heute mit 184 Kilometern Länge und 17 Schleusen eine bedeutende Wasserverbindung Mecklenburgs. Sie verbindet die großen Seen: Müritz, Malchower-, Kölpin-, Fleesen- und Plauer See miteinander, bei Dömitz bietet sie Anbindung an die Elbe und über den Störkanal zum Schweriner See. Ihr Hauptfließgewässer ist die Elde mit einer Länge von 210 km. Der heutige Flussverlauf der Elde ist das Werk vieler Generationen, denn mehrmals wurde der Flusslauf verändert, vertieft, begradigt, umgelenkt oder durch Kanäle ergänzt. Von 1783 bis 1803 fand eine grundlegende Regulierung der Oberelde statt. Dabei wurde die Eldener Reeke als Verbindung zwischen Müritz und Kölpinsee begradigt und vertieft (heute Reekkanal 3 km lang) und zwischen Kölpinsee und Fleesensee der Görener Kanal (600 m) gebaut. Nach 1830 übernahm eine Aktiengesellschaft die Instandsetzung des Wasserweges, wodurch Plau eine neue Schleuse erhielt. Nach dem Bau des Erddamms in den Jahren 1844-46 durch den Malchower See, musste hier eine bewegliche Brücke zur Durchfahrt der Schiffe errichtet werden.

Musikschule

Die Musikschule Malchow im Haus des Gastes/Werleburg ist heute eine Außenstelle der Kreismusikschule Müritz, welche wiederum eine nachgeordnete Einrichtung des Landkreises mit der Hauptstelle in Waren ist. Weitere Außenstellen sind in Röbel und Penzlin. Ungefähr 700 Schüler im Kreis werden von 30 haupt- und nebenamtlichen Kollegen betreut. Die Musikschule Malchow kann auf eine lange Tradition zurückblicken, sie wurde 1960 unter dem Namen „Volksmusikschule" gegründet und von 1960 bis 1992 durch OL Trelenberg geleitet. 1961 hieß die Einrichtung schon Musikschule. Anfangs mangelte es an geeigneten Räumlichkeiten, bis 1976 eigene Räume bezogen werden konnten. Die Ausbildung der Musikschüler erfolgte in den Fächern Klarinette, Saxofon, Schlagzeug, Klavier, Keyboard, Violine, Blockflöte, Akkordeon, Gitarre, Blechblasinstrumente, Gruppenspiel und Musiklehre. Wie die Militärmusikervorschule (1885 gegründet) oder das Klubhausblasorchester, gestaltete die Musikschule zu den kulturellen Höhepunkten der Stadt Platzkonzerte und andere musikalische Veranstaltungen.

N

Neuapostolische Gemeinde und Kirche

Die Anfänge der Neuapostolischen Gemeinde beginnen in Malchow und Alt-Schwerin im Jahr 1936 mit dem Zuzug der Familie Block. 1953 gründete sich dann erstmals eine Neuapostolische Gemeinde in Malchow mit Gottesdienstraum in der Gartenstraße 6. Am 27. März 1965 konnte mit dem Bau der neuen Kirche am Alt-Schweriner Weg begonnen werden, die am 01. August 1965 vom Bezirksapostel Tiedt aus Schwerin geweiht wurde. Das Haus war mit massivem Unterbau und darauf in Leichtbauweise errichtet worden. 1983 erhielt das Gebäude einen massiven Vorbau. Per 1983 zählte die Kirche mehr als 100 Gemeindemitglieder. Ab Mai 1994 konnte die Kirche wegen erheblicher Baumängel aus Sicherheitsgründen nicht mehr benutzt werden. Als Zwischenlösung wurde ein Nebengebäude der ehemaligen Tuchfabrik angemietet. Nach Erwerb eines Grundstücks am Biestorfer Weg 27 a wurde ein neues Gotteshaus gebaut, dass am 25. Oktober 1995 durch Bezirksapostel Leber aus Hamburg geweiht wurde.

Neue Heimat

Wohngebiet, entstand Anfang der 40ger Jahren im Zusammenhang mit dem Bau der Munitionsfabrik. Nach der Personenstandaufnahme von

1938 hatte Malchow 4921 Einwohner mit 1586 Haushaltungen, denen aber nur 677 Wohnungen zur Verfügung standen. Es bestand dringende Wohnungsnot, die nur durch größeren Siedlungsbau gelindert werden konnte. Es entstanden zweckmäßige Wohnhäuser und Wohnblöcke, mit rotem Verblendmauerwerk. Bauherr war die „Mecklenburgische Heimstätte GmbH", welcher die Stadt Malchow am 21. Dezember 1934 beigetreten war. Ab Februar 1943 konnten im neuen Wohngebiet „Neue Heimat" die ersten Mieter einziehen. Durch Erweiterungen und Lückenbebauungen in den folgenden Jahren entstand die heutige Siedlungsstruktur. Ein Wohnhaus und mehrere Wohnblöcke der frühen Bauten stehen unter Denkmalschutz.

Neuer Markt

Zentraler Platz in der Neustadt. Der Markt wurde in jüngster Zeit ebenso wie die anderen Straßen und Plätze mit ihren Häusern restauriert, die Beleuchtung erneuert und mit Grünbepflanzungen versehen. Vom Markt geht die Geschäftsstraße Güstrower Straße zur Kirchenstraße ab und die Bahnhofstraße kommt vom Bahnhof an. 1920 war am Neuen Markt das Denk- und Mahnmahl mit der Plastik „Der sterbende Gallier" für die Gefallenen des 1. Weltkriegs von Prof. Wandschneider aufgestellt worden, das nach 1945 entfernt wurde.

Neustadt

Die Stadt Malchow besteht aus drei historisch gewachsenen Stadtteilen: Altstadt, Neustadt sowie Klosterstadt und den eingemeindeten Orten. Von der Insel (Altstadt) wurde ab 1721 das Gebiet auf das westliche Festland erweitert. Die Verbindung über das Wasser wurde durch eine Drehbrücke geschaffen. Zum Ostufer lag das Kloster (Alt-Malchow), zu dem ab 1846 der Erddamm führte.

Insbesondere in den 20-ger und 30-ger wurde die Neustadt durch Schaffung von Arbeiterwohngebieten (Sandfeld und Trostfeldsiedlung) zersiedelt. So ist die Neustadt bis heute auch nördlich ausgedehnt und durch den DDR-Wohnungsbau der größte Stadtteil von Malchow. Älteste Straßen in der Neustadt sind die Mühlenstraße (früher Beim Mühlberg) und Gartenstraße (ursprünglich „Zwischen den Gärten"). An der Kirchenstraße entstand 1871/73 die neue Stadtkirche, deren Platz vorher auf der Insel war. Stadtfriedhof, Stadtpark, Festplatz, Gymnasium, Rehaklinik am See, Eissportanlage modernisierte Altbauten, der Neue Markt oder Güstrower Straße mit ihren Geschäften und Restaurants prägen die Neustadt.

Nikolaus I. von Werle

Stadtgründer von Malchow. Fürst Nikolaus I.
um 1210 geboren, lebte bis 1277 und erbte in der
ersten großen Landeshauptteilung 1229 vom
Obodritenfürsten Heinrich Burwin I. (seinem
Großvater) die Herrschaft Werle. Seine drei Brüder erhielten die Herrschaften Mecklenburg, Rostock, Parchim. Die Herrschaft Werle nahm flä-
chenmäßig den größten Besitz ein und umfasste
Burg Werle (am Ostufer der Warnow zwischen
Bützow und Schwaan), sowie Gebiete und Siedlungen von Güstrow, Malchow, Waren, Röbel
und Turne südöstlich der Müritz. 1236 wurde
Werle um das Land Wustrow (Penzlin) erweitert
und später gelangten Teilgebiete der Herrschaft
Parchim hinzu.

Etwa 1231 heiratete er Jutta von Anhalt, die
Tochter Heinrichs I. von Anhalt. Aus der Ehe
stammen 3 Töchter und drei Söhne. Fürst Nikolaus ließ sein Land mit deutschen Kolonisten be-
völkern und durch Lokatoren zahlreiche Dörfer
und Städte gründen. In dem Jahr 1235 bewidmete
er Malchow und Teterow mit dem Schweriner
Stadtrecht. 1236 gab Nikolaus I. der Stadt Malchin
das Schweriner Stadtrecht. 1261 bestätigte Nikolaus I. der Ansiedlung Neu-Röbel das bereits er-
teilte Stadtrecht. Zwischen 1260 und 1270 wurde
Waren gegründet und mit Schweriner Stadtrecht
bewidmet. Kurz vor seinem Tod erhielt Krakow
am See Stadtrecht.

Norddeutsche Volltuchwerke

Bis weit in das 20. Jahrhundert hinein bestanden in Malchow drei Tuchfabriken. Eine der größeren Tuchfabrikationen betrieb die „Werkgenossenschaft Malchower Tuchgenossenschaften", die 1893 die Maschinenlohnanstalt übernahm. Nach einen Totalbrand 1903 wurde das Werk größer und moderner aufgebaut. 1929 musste die Fabrik in der Weltwirtschaftskrise Konkurs anmelden und wurde von privater Hand (Becker) aufgekauft. Im Jahr 1945 gingen die Tuchfabriken in die Treuhandverwaltung der SMAD (SAG-Betriebe) und mit dem 30. Juni 1847 in Volkseigentum über. Es entstand der VEB Norddeutsche Tuchwerke Malchow. 1953 wurde der Malchower Betrieb mit der Tuchfabrik in Parchim zusammengelegt zur Steigerung der Produktion. 1967 bediente man sich der modernsten Textima-Greifwebmaschinen 4405. Auf diesen Maschinen wurden qualitativ hochwertige feinfädige kammgarnähnliche Gewebe hergestellt. 1969/70 erfolgte die Umstellung der Produktion auf Möbelbezugsstoffe und Autopolsterstoffe aus Viskosefasern, Schurwolle und Wolpryla. Gleichzeitig wurde der VEB Norddeutsche Volltuchwerke Malchow der Vereinigung Volkseigener Betriebe (VVB) Deko Plauen angeschlossen. Nach der Errichtung des Teppichwerks Nord wurde die Produktion des VEB Norddeutsche Tuchwerke weitgehend eingestellt und die Tradition der Tuchmacher im Teppichwerk Nord weiter geführt. Die Malchower Voll-tuchwerke und anschließend das Teppichwerk Nord waren der Trägerbetrieb der BSG Fortschritt Malchow. 1993 musste die Produktion im Teppichwerk eingestellt werden.

Notbauten

In der Weimarer Republik errichtete Zweckbauten am Biestorfer Weg um die große Wohnungsnot in Malchow zu lindern. Die massiven, einstöckigen Gebäude wurden in einfacher Barackenform mit Flachdächern gebaut. Nach 1990 erfolgte der Abriss der ursprünglichen Notbauten und auf dem Gelände entstanden nunmehr 30 altersgerechte Wohnungen.

Notgeld

In den deutschen Städten mangelte es nach dem 1. Weltkrieg und insbesondere ab 1921 an Zahlungsmitteln, vor allem fehlte es an hartem Geld. Auch die mecklenburgischen Städte versuchten sich aus eigener Kraft zu helfen. Malchow ließ selbst Geld drucken, das sogenannte Reutergeld. Auf drei Monate zeitlich und örtlich begrenzt, gab es Scheine für 25, 50 und 75 Pfennig, für 1,50 und 3 Reichsmark. Das Papiergeld war geschmückt mit markanten Bildern aus der Stadtarchitektur und pries den Erholungsort Malchow an. Jede Geld-Druckauflage besaß ihre festgesetzte Anzahl und jeder Schein wurde nummeriert.

O

Oberton, Hortens Richard

Buchbinder und Schriftsteller. Er wurde am 1.
März 1827 in Malchow geboren und starb hier am
13. Juli 1872. Oberton kam aus einer englischen
Familie, wobei sein Vater hannoverscher Offizier
war. Er besuchte die Bürgerschule in Malchow
und trat in eine Buchbinderlehre ein. 1849 beteiligte er sich am Feldzug in Baden, danach kam er
nach Malchow und baute sein Buchbinderge-
schäft als Meister seines Fachs auf. Seine besondere Zuneigung gehörte der Literatur, so dass 1871
„Mein Liederbuch" erschien. Er wurde von Franz
Brümmer im zeitgenössischen „Deutschen Dich-
ter-Lexikon" von 1867 aufgenommen.

Orgelmuseum

Mecklenburgisches Orgelmuseum, das 1997 gegründet wurde und es befindet sich in der Klosterkirche und im ehemaligen Pfarrhaus. Das Mu-
seum bewahrt und zeigt Instrumente aus Mecklenburg und stellt die zweitausendjährige Geschichte des Orgelbaus unter besonderer Berück-
sichtigung der romantischen Orgeln Mecklenburgs dar. In der Klosterkirche sind derzeit sieben
klingende Orgeln zu hören, hauptsächlich Instrumente aus dem 19. Jahrhundert, die der Romantik
zugeordnet werden. Bedeutsam ist dabei das In-

strument von Friedrich Friese (Schwerin), das 1890 für die Klosterkirche gebaut wurde. Reste eines Orgelgehäuses aus der Zeit um 1630 bilden die ältesten Ausstellungsstücke. Der Besucher bekommt die Möglichkeit Orgel zu spielen und an bestimmten Tagen Konzerte in der Kirche mit mehreren Orgeln zu erleben. Die angeschlossene orgelwissenschaftliche Bibliothek, Werkstatt und das Depot sind im benachbarten Gebäude untergebracht. Neben der Orgelgeschichte ist die 700-jährige Historie von Kloster und Klosterkirche Malchow besonderes Thema eines Ausstellungsteiles. Das Orgelmuseum befindet sich in Trägerschaft des Kultur- und Sportringes „Regenbogen" e. V. Malchow.

P

Patrizier

Patrizier waren der besonders wohlhabende Teil der Bürgerschaft mit einem großen, ja allseits beherrschenden Einfluss auf die Stadtpolitik. Während Patrizier in den mittelalterlichen süddeutschen Reichsstädten als geschlossene Schicht auftraten, gab es sie in den kleinen mecklenburgischen Landstädten nur als Einzelpersonen. Zu diesen Patriziern sind Malchows reiche Mühlenbesitzer des 13. Jahrhundert zu rechnen. Eine große Rolle für den Erwerb von Reichtum spielte der wirtschaftliche Handel. Für 2 Mitglieder der Patrizierfamilie Düsterwolt in Malchow gibt es aus dem Jahr 1320 ein Zeugnis, wonach sie exklusiven Tuchhandel betrieben. Der Gewandschnitt galt auch in anderen Städten durchaus als eine dem Patrizier angemessene Profession.

Patronatsrecht

Ein Patronat umfasste sowohl die gesamten Rechte und Pflichten einer privaten oder juristischen Person auf eine Kirche. In Malchow war das dortige Kloster mit dem Patronatsrecht auf die Stadtkirche, Pfarre, Kirchhof auf der Insel, einschließlich der Stadtschule, ausgerüstet. Die Rechte gestatteten dem Kloster beispielsweise

Einfluss auf die Einstellung des Pfarrers oder Schulmanns vorzunehmen, das Kloster übte hier das Präsentationsrecht aus: Das Kloster schlug der kirchlichen Obrigkeit für eine erledigte Stelle einen geeigneten Kandidaten vor. Andererseits oblag dem Rechtsinhaber eine Bau- und Unterhaltungsverpflichtung an dem Kirchengut, sowohl für Reparaturen als auch Neubau. In der wechselvollen Geschichte kam es zwischen dem Patron (Kloster, Klosteramt) und Magistrat und Bürgerschaft häufig zu Streitigkeiten, weshalb zwischen den beteiligten Parteien am 18. April 1825 ein Patronatskontrakt abgeschlossen wurde, nach dem das Kloster das gesamte Patronat bis auf wenige Ausnahmen der Stadt Malchow übertrug.

Pentz, Adolf Friedrich

Superintendent. Er wurde 26. August 1844 in Malchow geboren und starb am 1. Januar 1923 in Bad Doberan. Der junge Pentz, dessen Vater Sanitätsrat war, absolvierte die große Stadtschule Rostock, hier folgte sein Theologie-Studium mit Stationen in Göttingen und Erlangen. Nachdem er 1866 sein Examen in Rostock abgelegt hatte, wurde er zeitweilig Hauslehrer, später auch Seminarlehrer in Neukloster. Es folgte eine Pfarrstelle in Jabel bei Malchow. 1894 wurde er Superintendent in Bad Doberan, wo er ebenfalls als Vorsitzender der Prüfungskommission für das theologische Examen fungierte. Neben Veröffentlichungen zum

Seminar wurde er bekannt mit Arbeiten zur Mecklenburgica z. B. „Geschichte Mecklenburgs" (1871).

Peterson, Rudolf

Forstmeister. Er wurde am 3. Mai 1829 in Bistorf bei Malchow und verstarb am 15. März 1901 in Friedrichsmoor. Er absolvierte das Gymnasium in Parchim und es folgte nach dem Vorbild seines Vaters, der Forstmeister war, ging er ebenfalls in die Forst. Zunächst als Mittarbeiter bei Forstmeister Grohmann, dann als Forstmeister, später als Forstinspektionsbeamter. 1872 wurde er Oberforstmeister, er galt als Fachmann der Lewitz mit dem Wald- und Wiesengebiet, wofür ihm zahlreiche Ehrungen zuteil wurden. Nach seinem Tod setzte man ihm einen Gedenkstein.

Pingel, Friedrich

Maler. Er wurde am 8. Juli 1904 in Malchow geboren und verstarb am 2. November 1994 in Bäk bei Ratzeburg. Von 1925-1928 arbeitete er als Lehrer in Mecklenburg. Es folgte ein Kunststudium in Berlin-Schöneberg. Dann wurde er Kunsterzieher am Malchiner Gymnasium, später in Duderstadt am Gymnasium. 1965 mit der Übersiedlung nach Bäk bei Ratzeburg, wurde Pingel freischaffender Künstler und er unternahm Studienreisen in verschiedenste Länder, denen umfangreiche

Ausstellungen folgten. 1983 erhielt er den mecklenburgischen Kulturpreis.

Podesta, August

Kunstmaler und Lithograph, 1813 in Kloster Malchow geboren. Er war der zweite Sohn des Wundarztes Franz Podesta aus Kloster Malchow. Die Eltern erkannten bald seine zeichnerische und malerische Begabung und schickten den knapp 16jährigen 1829 an die Kunstakademie Dresden zur Ausbildung als Landschaftsmaler, an der damals Caspar David Friedrich lehrte. 1835 ging Podesta nach München und besuchte die dortige Künstlerakademie.

Von München aus führten ihn ausgedehnte Studienreisen nach Österreich, Italien und in die Schweiz. Er zeichnete insbesondere Gebirgslandschaften, die er später auch lithographierte. Ende der dreißiger Jahre des 20. Jahrhunderts erinnerte sich die Stadt Malchow an ihren Sohn und bis 1842 wurden 6 Lithographien aufgekauft, deren Verbleib bis heute ungeklärt ist. Zuletzt arbeitete August Podesta bei der Stadtverwaltung in München und starb.

Post

Malchow war seit dem 18. Jahrhundert ein regelmäßig befahrener Postort. Über Malchow ging von Schwerin nach Neubrandenburg die allgemeine Fahrpost und ebenso die herzogliche Reitpost Schwerin-Strelitz. Mitte des 19. Jahrhunderts nannte sich die Post zu Malchow Vereins-Poststation, da Mecklenburg Mitglied des österreichisch-deutschen Postvereins (1850-1866/67) geworden war. 1871 wurde die Post in Deutschland Reichspost und jede Poststation kaiserlich. Ein neues Zweckgebäude im repräsentativen Stil musste auch für Malchow her. Das kaiserliche Postamt in der Güstrower Straße wurde in der Zeit 1886/87 in rotem Ziegelwerk, die Vorderfront über 8 Achsen, erbaut. Das zweistöckige Gebäude mit vorgezogenem Haupteingang und schlichtem Zierrat besitzt einen kleinen Dachaufsatz.

R

Rachel, Joachim

Pastor, Schriftsteller. Der Stammbaum der Familie Rachel in Malchow beginnt mit dem Senator Nicolaus Rachel und Ehefrau Anna, geborene Banniers. In dritter Generation wurde Joachim Rachel um 1600 in Malchow geboren und starb am 15. Mai 1664 in Wesselburen (Norddithmarschen). J. Rachel entstammte einer angesehenen Bürgerfamilie in der Stadt und auch sein Vater war Ratsherr (Senator) und Kämmerer. Er absolvierte in Rostock ein Theologiestudium, es folgte eine Anstellung als Kantor, später Diakon in St. Peter in Eiderstedt und Wesselburen. Joachim Rachel wurde durch lateinische Gedichte bekannt, denen Erbauungsbücher in deutscher Sprache folgten.

Rachel, Mauritius

Pastor, Schulmann und Dichter des 17. Jahrhunderts. Rachel wurde am 13. Januar 1594 in Malchow geboren und verstarb am 5. Januar 1637 in Lunden. Er war der Bruder von Joachim Rachel, so dass auch er traditionell in Rostock ein Theologiestudium absolvierte, nachdem er in Lübeck das Katharineum besucht hatte. Anfang des 16. Jahrhunderts zwang ihn der Dreißigjährige Krieg Mecklenburg zu verlassen. Danach erhielt er eine

Anstellung als Kantor in Husum und später wurde er zunächst Diakon und dann Hauptprediger in Lunden, er schrieb neulateinische Lyrik.

Rademacher

Um 1700 arbeiteten in Malchow 2 Rademachermeister mit Gesellen, 1847 waren es 4 Stell- und Rademachermeister. Die Rademacher übten ein altes Handwerk aus, das für Karren, Fuhrwerke oder Kutschen die notwendigen Räder herstellte. Mitunter wurde in ihren Werkstätten das gesamte Fuhrwerk produziert. Außerdem fertigten die Meister, je nach Bedarf Leitern an, weshalb sie sich auch Stellmacher nannten. Die Ackerbürger meldeten stets einen hohen Bedarf an Rade- und Stellmacherprodukten an, so wurden für die landwirtschaftliche Arbeit Gerätschaften gefertigt wie zum Beispiel die verschiedensten Varianten der Schubkarre: die Störtkor (Sturzkarre), die Kastenkor, die Messkor (Mistkarre) oder die Scheidenkor mit breiten Sprossen. So ein kleiner Wagen hatte als Transportmittel eine lange Tradition auf dem Lande wie in der Stadt.

Rat

Der Rat bestimmte im Mittelalter die politischen und sozialen Geschicke der Stadt Malchow, er vertrat die Stadtgemeinde nach innen und außen. Der Rat zu Malchow führte sein eigenes Siegel und nach einer Siegelumschrift nannten sich die

Ratsherren: Consules zu Malchow. Malchower
Ratsherren sind seit 1299 nachweisbar, sie er-
scheinen im 14. und 15. Jahrhundert vorherr-
schend in den Patrizierfamilien Elers, Vagt, von
Krevtsdorf und Düsterwold. Damals wurden die
Ratsmitglieder auf Lebenszeit gewählt und einer
von den Ratsherren amtierte als Bürgermeister.

Ab Anfang des 19. Jahrhunderts regierte der
Bürgermeister im Einklang mit 2 Ratsherren bzw.
Senatoren und bei wichtigen städtischen Ent-
scheidungen musste der Bürgerausschuss mit
zwölf Mitgliedern hinzugezogen werden. Die
weiteren geschäftlichen Dinge erledigten der
Stadtsekretär und der Kassenberechner (heute
Kämmerer).

Rathaus

Das Malchower Rathaus diente zu allererst der
Ausübung städtischer Amtsgeschäfte. Im Gebäude hielten der Rat und die Deputationen ihre Sit-
zungen ab, ebenso wurden hier bis zur Errichtung des Amtsgerichtsgebäudes die Gerichtster-
mine abgehalten. Am 23. April 1697 wurde bei einem Großbrand auf der Insel das Rathaus vollständig zerstört und vermutlich provisorisch wieder aufgebaut. 1821 entstand ein neues Rathaus in
Fachwerk über zwei Stockwerke und 7 Achsen
gebaut, das bis heute steht. Neben dem Rathaus
wurde 1877 mit dem Bau eines Amtsgerichtsgebäudes begonnen. Nach der Wende wurde das

Rathaus saniert (2005) und der alte Marktplatz
neu gestaltet.

Reformation

Die Reformation zog in Malchow friedlich ein
sowohl in der Stadt als auch im Kloster. Der Pre-
diger Martin Bambam, der seit 1528 als Vikar an
der St. Georgenkirche (Stadtkirche) und an der St.
Johanniskirche (Kloster) tätig war, begann im Sinne der neuen Lehre zu wirken. Auch der Hauslehrer der Familie von Flotow zu Stuer begann im
Sinne Martin Luthers „öffentlich dem Volk" zu
predigen. Ein gewisser Widerstand von katholi-
scher Seite soll der Beichtvater der Nonnen, Dyo-
nisius Hoke, gezeigt haben. So blieb das Malchower Nonnenkloster von der Schließung ver-
schont, wurde 1572 eines der „Hospitale des
Adels" und ab Mitte des 18. Jahrhunderts als Damenstift eine Heimstätte für unverheiratete adlige
Töchter. Die Klöster zu Rehna, Neukloster, Zar-
rentin, Ivenack, Wannska und Eldena wurden geschlossen. Erhalten blieben außer Malchow nur
die Klöster Dobbertin, Ribnitz, das Kloster Zum
Heiligen Kreuz in Rostock und sowie Rühn.

Reformvereine

Politisch demokratische Vereine, die vor und
nach dem Güstrower Reformtag, am 2. April
1848, mit 173 Städtedeputierten, entstanden wa-

ren und danach in Rostock durch eine zentrale
Kommission geleitet wurden. Der Reformverein
Malchow wurde von Bürgermeister Meyer geführt und nahm bedeutenden Einfluss auf die politische Entwicklung Mecklenburgs. Die Reformvereine entwickelten sich in den 1848/49ger Revolutionsjahren zur entscheidenden politisch-par-
lamentarischen Kraft des Bürgertums in Mecklenburg. Die radikalen Forderungen der Reformer
nach Abschaffung der Regierung, nach freien
Wahlen und einer neuen Verfassung riefen im anderen, dem konservativen Teil des Bürgertums,
mit den „Konstitutionellen Vereinen", eine politische Gegenkraft seit 2. August 1848 hervor. Letztlich konnten sich die Reformvereine politisch
durchsetzen, Mecklenburg erhielt eine neue Verfassung (1849 Staatsgrundgesetz für Mecklenburg-Schwerin) und neue Regierung u. a. mit Bürgermeister Meyer als Minister.

1850 erklärte ein Schiedsgericht zu Freienwalde
das Staatsgrundgesetz für ungültig, was auch das
Ende der Reformvereine bedeutete.

S

Scheven, Carl Friedrich Johannes

Superintendent. Er wurde am 3. Juli 1826 in
Borgfeld geboren und verstarb am 3. April 1890
in Malchow. Als junger Student erwarb er 1848
einen Preis der Universität Rostock. 1852 bestand
der Kandidat der Theologie und Seminarlehrer
das theologische Examen in Schwerin und danach
erfolgte eine Anstellung als Pastor im Kloster
Malchow, wo er später Präpositus des Malchower
Zirkels wurde. Dann kam er nach Doberan und
nahm die Stelle eines Superintendenten an, wurde Konsistorialassessor. 1883 erlangte er die Dok-
torwürde der Theologie in Rostock und wurde
danach Konsistorialrat.

Scheven, Walter

Schulrat. Sein Vater war Konsistorialrat Scheven,
der in Malchow ansässig war. Der junge Scheven
studierte traditionell Theologie und schlug in den
folgenden Jahren zunächst die pädagogische
Richtung ein. Bekannt wurde er als Rektor in Tes-
sin und Malchow, er erhielt ab 1886 eine Anstellung als Pastor in Rühn. Ab 1921 berief man ihn
als Schulrat in das Mecklenburgische Staatsminis-
terium.

Schweriner Stadtrecht

Das Stadtrecht war ein vom allgemeinen Landrecht abgesondertes spezielles Recht über die Verwaltung, Grenzen, Freiheiten und Privilegien (Handel, Zoll, Münze) einzelner Gemeinwesen, dass vom Landesherrn mit der Stadtgründung übergeben wurde. Fürst Nikolaus von Werle verlieh dem Ort Malchow im Jahr 1235 das Schweriner Stadtrecht. Der Fürst gab zur Stadtfeldmark 40 Hufen Land, die Gerichtsbarkeit und andere Privilegien. Mit dem Schweriner Stadtrecht wurde die Stadt Schwerin in allen Rechtsstreitigkeiten sozusagen die Mutterstadt. Schwerin selbst besaß dieses Stadtrecht seit 1220, das sich aus den Rechtsgewohnheiten der Kolonisten aus Lübeck und Sachsen zusammensetzte, welches wieder Malchow (1235), Teterow 1235, Malchin 1236 und auf andere mecklenburgische Städte übertragen wurde, so dass sich eine Stadtrechtsfamilie herausbildete.

Stadtkirche, alte

Die Stadtkirche stand bis 1870 immer auf der Insel und war hier im Verlauf der Jahrhunderte mehrmals errichtet worden. Vor der Reformation (um 1543) hieß die Inselkirche St. Georgskirche, später nannte man sie St. Jürgen. Am 23. April

1697 brannte die Kirche mit vielen Häusern der Stadt ab, es erfolgte ein Neubau. Ob das große Feuer von 1721 auch die Kirche erfasste, ist unbekannt, nach dem Sturm vom 13. Oktober 1811 musste das Gebäude erneut abgebrochen werden. Woraufhin sie zwischen 1812 und 1817 von einem Malchower Maurermeister neu errichtet wurde (31. Oktober 1817 Einweihung), nunmehr auf dem Platz schräg hinter dem Rathaus. Das Gotteshaus war klein, schlicht und von einfacher Bauweise ohne jeden Schmuck erbaut worden. Dieses Gotteshaus stand ganze 57 Jahre, dann drohte der Turm 1868 einzustürzen, so dass unter Bürgermeister Hofrat Rettich beschlossen wurde ein neues Kirchengebäude auf dem Festland zu errichten.

Stadtkirche, neue

Auf Grund der Bodenbeschaffenheit und der häufigen Brände auf der Insel musste ein neuer Standort für den Kirchenbau auf dem Festland gewählt werden. In den Jahren 1870-1873 wurde die Kirche Sankt Johannes als neugotischer Backsteinbau vom Baumeister Georg Daniel aus Hagenow errichtet. Aus organisatorischen Gründen legte man die Grundsteinlegung und das Richtfest für den 48,19 m hohen Turm am 28. Juni 1872 auf einen Tag. Die festliche Einweihung des Gotteshauses mit ca. 900 Sitzplätzen im Beisein des

Großherzogs Friedrich Franz II. fand 1.-2. November 1873 statt.

Die Glasfenster kamen aus der Glasfabrik Quidtmann bei Aachen und die Friese-Orgel aus Schwerin. Die Kanzel fertigten die Bildhauer Gebrüder Reinholz (Schwerin). Alle anderen Arbeiten wurden durch die Gewerke der Stadt Malchow bewältigt: Maurer, Zimmerleute, Dachdecker, Schmiede, Glaser, Maler, Tischler u. a. Zimmermeister Virck und Rentier Raaps schenkten der Kirchgemeinde den Altar. Für den Bau von Sankt Johannes wurden insgesamt 38295 Taler gespendet, davon brachten die Malchower Einwohner 21954 Taler für ihre Kirche auf. Von auswärtigen Gaben gingen 16.410 Taler ein, darunter wurden 6000 Taler durch den Großherzog für den Bau zur Verfügung gestellt. 1875 wurde der Wert der Kirche auf 120000 Reichsmark geschätzt.

Stadt- und Heimatmuseum

Das Stadt- und Heimatmuseum gründete sich am 8. August 1998. Die Räumlichkeiten befinden sich wenige Schritte von der Klosterkirche entfernt, in einem historischen Fachwerkhaus. In 7 Räumen wird die Alltagsgeschichte in der Zeit von ca. 1900-1950 dargestellt. Zu sehen sind u. a. ein altes Schulzimmer, eine Küche und ein Wohnzimmer, Notdurftvorrichtungen, eine Schusterwerkstatt und eine Druckerei. Sammlungsschwerpunkte des Malchower Museums sind Haushalt, Handwerk, Schule und Kulturgeschichte.

Stolzenburg, Ferdinand

Evangelischer Pastor. Er wurde am 14. Juni 1811 in Demmin in einer Pastorenfamilie geboren und verstarb am 22. Dezember 1887 zu Malchow. Stolzenburg trat 1840 sein Predigeramt in der alten Stadtkirche zu Malchow an und predigte von 1873 bis 1886 in der neuen Kirche und ging dann in den Ruhestand. Ferdinand Stolzenburg setzte sich intensiv für den Bau der neuen Kirche und besonders für den heutigen Standort ein. Nach dem Bau der neuen Kirchen setzte er sich ebenso für eine gerechtere Verteilung der Kirchenstühle ein. Die Stühle (Bankreihen) wurden bis dahin so verpachtet, dass die zweiundzwanzig vorderen Bankreihen durch die zahlungskräftigere Bürgerschaft in Anspruch genommen werden konnte. Prozentual aber machten sie weniger als ein Viertel der Stadtbevölkerung aus, wodurch sich die Mehrheit der (ärmeren) Stadtbevölkerung (über 3 Viertel der Einwohnerzahl) mit 36 hinteren Reihen begnügen musste. Das Porträt von Pastor Stolzenburg hängt rechts in Chorraum.

Synagoge

Die jüdische Synagoge wurde zwischen 1820 und 1825 in der Langen Straße 64 errichtet. Der Volksmund nannte sie den „Tempel". Der Bau entstand im Hofraum des Grundstücks, der damals im jüdischen Besitz war. Im jüdischen Tempel fanden die Gottesdienste der israelitischen Gemeinde und ihre Rituale, Feste usw. statt. Auch wurde hier Religionsunterricht für die Kinder vom 6. bis zum 14. Lebensjahr erteilt. Mitte der dreißiger Jahre wurde Malchow auch von der Judenverfolgung erfasst und die Synagoge geschlossen. Das Gebäude wurde als Möbellager genutzt und 1992 abgerissen.

T

TBC-Heim

Das ehemalige Genesungsheim für Lungenkranke in Malchow entstand im Jahr 1926. Seit 1924 wurde in Mecklenburg verstärkt die Tuberkulose bekämpft, ein Landesgesetz hatte dafür die Weichen gestellt. Die Sozialversicherung des Landes Mecklenburg finanzierte bis 1945 das Heim. In der DDR-Zeit erfuhr das stattliche Gebäude unterschiedliche Nutzungen als Ferienheim und als Schulungsheim im staatlichen Gesundheitswesen. Nach umfassender Sanierung und Renovierung dient das villenartige Gebäude heute als Verwaltungssitz des Amtes-Malchow Land.

Teppichwerk Nord

Das Teppichwerk Nord Malchow wurde nach 4jähriger Bauzeit (Grundsteinlegung 1976) am 20. August 1980 eröffnet. Zuvor war die Gewebeproduktion bekannt unter dem Namen „Norddeutsche Volltuchwerke" in der Mühlenstraße eingestellt worden. Das neue Werk konnte nach fast einjährigem Probelauf in Dauerbetrieb genommen werden. Nach DDR-Angaben verwies man damit auf das modernste Teppichwerk Europas mit 800 Beschäftigten. Als erster Betrieb der Textilindustrie der DDR erhielt das Teppichwerk Nord Malchow 1989 das Ehrendiplom „15 Jahre

Betrieb der ausgezeichneten Qualitätsarbeit". Das Werk produzierte in diesem Jahr rund 4,5 Millionen Quadratmeter Florteppiche in drei- und fünffarbigen Mustern sowie Boucleware. Nach 1990 wurde das Teppichwerk mit 1000 Arbeitsplätzen abgewickelt und die Produktion 1993 eingestellt.

Thälmannsiedlung

Die Thälmannsiedlung war vor 1945 als Direktorensiedlung an der Karower Chaussee entstanden. Sie war ausgelegt als geschlossene Wohnlage für die leitenden Angestellten des Munitionswerks. Hier arbeiteten bis Kriegsende 1945 über 5000 Menschen, darunter KZ-Häftlinge, Zwangsarbeiter und Malchower Einwohner. Für die notwendigen Arbeitskräfte, oftmals auch von außerhalb, sowie für das angeworbene technische Personal, wurden seit 1937 Wohnungen geschaffen, wodurch neue Siedlungen am Stadtrand: Sandfeld, Trostfeld, Neue Heimat und die Westsiedlung, entstanden. Für die Direktoren und das gehobene Personal wurde komfortabler und großzügiger gebaut, als für die massenhafte Belegschaft. Es entstanden die für das Dritte Reich typisierten Bauten im Stil des Heimatschutzes mit dazugehörigen Grünflächen.

Tierheim Malchow

Der Tierschutz nahm bereits im 19. Jahrhundert in Malchow eine wichtige Rolle ein. Beispielsweise errichtete man auf dem See ein Schwanenhaus, das den Wasservögeln Schutz geben sollte, insbesondere im kalten Winter. Gegenwärtig gibt es einen Tierschutzverein Waren e. V. (1991 gegründet) mit einem Tierheim in Malchow (seit 2001 Lindenallee 42). Seit 1997 finden heimatlose Tiere wie Hunde, Katzen und andere Kleintiere hier eine vorübergehende Bleibe. Das Tierheim wird hauptsächlich durch Spenden aller Art unterhalten und gefördert.

Tischler

1800 arbeiteten in Malchow 10 Tischlermeister mit Gesellen und Lehrjungen, 1876 waren es 16 Meister. Die Zahl der Meister beruhte auf eine Steigerung der Bevölkerungszahl Malchows im 19. Jahrhundert und den damit bedingten Wohnungsbau. Die Tischler fertigten ursprünglich Möbelstücke aller Art wie Tische, Truhen, Schränke und für den Hausbau die Fenster und Türen. Stühle hingegen wurden vom Stuhlmacher angefertigt. Nach der Zunftzeit bildete sich das Tischleramt 1889 neu und nannte sich nunmehr Tischler-Innung. In die Innung traten 12 Meister aus der Stadt und 5 aus der Umgebung ein. Die Lehrzeit betrug nun 3 Jahre und schloss mit einer Prüfung ab. Lehrlinge wurden nach absolvierter Ausbildungszeit und nach der Abnahme ihrer Gesellenstücke (Fensterrahmen, Stubentür, Tisch oder Schrank) freigesprochen und durften sich auf Antrag ihrer Meister in die Innung einschreiben.

Torf

Torf war sehr lange ein traditioneller Brennstoff, der auch von den Malchower Bürgern benutzt wurde. Nach der Stadtordnung vom 6. Dezember 1802 stand es jedem Einwohnern frei, „seinen bedürftigen Torf selbst zu stechen". Die Leute beheizten mit Holz oder Torf die Koch- und Stubenöfen. Die Wärmeausbeute von Torf war sogar besser als die von Holz, aber geringer als von Braun- und Steinkohle. Torf diente ebenso in vielen Handwerksbetrieben, zum Beispiel in den Backstuben, beim Kupferschmied oder für die Gelb- und Zinngießern u. a. zum Heizen. Anfang Juni eines jeden Jahres begann der Torfstich. Dann war das Moor an der Oberfläche in der Regel gut abgetrocknet und der gestochene Torf konnte in der warmen Jahreszeit rasch trocknen. Bis Ende August lief die Torfstecherei und ab Spätherbst wurde den Leuten gewerblich gestochener Torf auf den Märkten als Feuerungsmaterial angeboten.

Trostfeldsiedlung

Die Trostfeldsiedlung entstand wie andere Stadtrandsiedlungen für die Beschäftigten der Munitionsfabrik, sie wurde in der Zeit 1937/38 mit Einzelhäusern im Ziegelsteinbau errichtet.

Das neue Wohngebiet wurde nach dem 87 m hohen Trostberg benannt. Einige Heimaforscher vermuteten hier eine weitere Burg, die Trossenburg oder die Trotzenburg. Die ersten Häuser der neuen Siedlung waren bescheidene Zweckbauten mit ausgebautem Dachgeschoss, in einer maximalen Wohnfläche von 60 Quadratmetern und mit einer Außentoilette. Die meisten Häuser befinden sich heute im Besitz der zweiten und dritten Generationen.

Trump, Joachim

Organist und Künstler; Astronom und Instrumentenbauer. Er wurde am 5. November 1686 in Malchow geboren und starb am 5. November 1769 in Ivenack. Joachim Trump entstammte einfachen Verhältnissen, da sein Vater Küster und Weber war. Mit geringer Schulausbildung ausgerüstet, erlernte der Junge zunächst das Weberhandwerk, womit er ebenso technische Kenntnisse erlangte und sie ständig erweiterte. Trump arbeitete dann als Küster und Organist in Ivenack. Er baute kleine Wunderwerke an Uhren und begann mit dem Orgelbau. Hydraulische Maschinen wurden sein spezielles Gebiet, wodurch seine Dienste regelmäßig in Anspruch genommen wurden bei dem Bau von Wasserkünsten, Kaskaden und Springbrunnen. Er strebte nach immer neueren Naturerkenntnissen, baute ein Fernrohr und stellte einen Tubus her, zu dem er die Gläser selbst geschliffen hatte. Mit vielen bedeutenden

Persönlichkeiten seiner Zeit stand er im Briefwechsel.

Tuchmacher

Die einheimischen Tuchmacher legten die Grundlage dafür, dass sich Malchow im 19. Jahrhundert mit dem industriellen Aufschwung zum „Manchester" Mecklenburgs entwickeln konnte. Bereits um 1320 hat es in der Stadt erste Tuchmacherhandlungen gegeben, weil hier hervorragende Gewebe produziert wurden. 1826 arbeiteten in Malchow 96 Tuchmachermeister und 4 Tuchscherer, die in jenem Jahr 3614 Stück Tuch in genormten Größen fertigten. 1844 fertigten ungefähr 110 Tuchmachermeister und 5 Tuchscherer die Waren an. Die Tuchmacherei wurde das Hauptgewerbe der Stadt, in dem gesamten arbeitsteiligen Prozess arbeiteten damals circa 400 Personen. An einem fertigen Wolltuch war letztendlich eine ganze Gruppe von Gewerken wie die Spinner, Weber, Tuchscherer und Färber unter der Meisterhand eines Tuchmachers beteiligt. Dabei galt die Schafswolle als Grundlage für ihre Stoffe, dagegen war die Leinenweberei hier unbedeutend. Bereits 1842 hatte die Schweriner Regierung das Porto bei Versand der Stoffe mit der mecklenburgischen Post ermäßigt. Im Jahr 1866 gründeten 7 Tuchmachermeister eine Privatspinnerei.

Turnhalle

1890 wurde eine Turnhalle in Steinfachwerk
vom Turnverein erbaut. Freizeitturnen war mo-
dern geworden und so entstand in Malchow eine
Turnbewegung, ganz im Sinne von Turnvater
Jahn. Der Turnunterricht begann in den Schulen
eine Rolle zu spielen. In der Zeit der Weimarer
Republik erfolgte ein Vorbau für Umkleidekabi-
nen. Das Dach war ursprünglich als Attika ausge-
bildet. 1996 konnte eine neue, moderne Sporthalle
am Clara-Zetkin-Ring mit 180 Tribünenplätzen in
Betrieb genommen werden. Die von der Archi-
plan GmbH Waren (Müritz) entworfene und kon-
struierte Sporthalle bietet 2 Felder. Die barriere-
freie Sporthalle eignet sich auch für den Behin-
derten- und Seniorensport.

U

Umsiedler, Vertriebene

Rund 5000 Einwohner zählte Malchow (ohne
Wachmannschaften, KZ-Häftlinge und Fremd-
und Zwangsarbeiter im Munitionswerk) während
des 2. Weltkrieges, mit den Kriegsfolgen nach
1945 stieg die Einwohnerzahl auf weit über 8000
Menschen an. In Malchow suchten rund 3300
Umsiedler und Flüchtlinge eine neue Heimat. Anfangs wurden sie notdürftig in Baracken und
Schulen untergebracht, dann musste für sie
Wohnraum gesucht werden. Die Gefahr der Aus-
breitung von ansteckenden Krankheiten nahm zu.
Zwischen dem 7. Mai 1945 und dem 17. Juni 1946
mussten 975 Personen auf Typhus behandelt werden, 135 Menschen starben daran. Mit der Bodenreform erhielten auf dem Gebiet des Kreises Waren 3130 Neubauern Land, darunter waren 1743
Umsiedler. Mit dem Jahr 1947 suchten mit den
Vertriebenen aus dem Sudetenland erneut Menschen eine neue Heimat.

V

Vereinigung KPD-SPD

Am 2. Mai 1945 zog die russische Armee in Malchow ein, am 8. Mai kapitulierte Hitlerdeutschland, womit der 2. Weltkrieg endgültig beendet wurde. Nach Erlass des SMAD-Befehls Nr. 2 vom 10. Juni 1945 über die Wiederzulassung antifaschistischer Parteien, bildeten sich im Juni und Juli 1945 in Malchow die beiden Ortsgruppen der SPD und KPD neu. Mitte Februar 1946 fand im alten Kino „Schauburg" an der Wasserstraße der Zusammenschluss beider Ortsgruppen statt. Auf der Seite der KPD waren unter anderen Wilhelm Thees, Hermann Rieck und Wilhelm Lübke vertreten sowie aus den Reihen der SPD Erhard Stolle, Erich Marihn, Gustav Müller und Erich Doll. Der damalige Ortskommandant der Sowjetarmee, Oberstleutnant Kosinow förderte die örtlichen politischen Bestrebungen.

Virck, Friedrich Wilhelm

Architekt und Baubeamter, wurde 1882 in Kloster-Malchow geboren und starb am 29. November 1926 in Lübeck. Er studierte in Darmstadt, München und Charlottenburg, arbeitete nach der Ausbildung zunächst in einem privaten Architektenbüro. Zwischen 1911 und 1919 war er in der preußischen Bauverwaltung angestellt, wo er insbesondere in Köslin und Berlin Bauten errichtete und beaufsichtigte. 1912 wurde er vom Regierungsbauführer zum Regierungsbaumeister befördert. 1919 siedelte er nach Lübeck um, nahm die Arbeit im Lübecker Bauamt unter Johannes Baltze als Nachfolger von Carl Mühlenpfordt auf. Vor der Inflation befasste er sich vor allem zeitgemäß mit der Planung von Siedlungsbauten. Mit seinem Namen sind wichtige Einzelbauten in der modernen Stadtarchitektur Lübecks verbunden, wie z. B. die Holstentorhalle per 1926 oder die Stadtbibliothek 1927.

Volksfest

Am 1. Juli-Wochenende alljährlich, begeht Malchow ein großes Volksfest, das eine lange Tradition besitzt. Denn auf Initiative der Tuchmacher ließ sich der Magistrat anregen, jährlich ein Kinder- und Schulfest mit großem Umzug auszurichten, das etwa seit 1839 auf einem besonderen Platz ausgetragen wurde. Zur Finanzierung des Festes wurden Beiträge und Spenden gesammelt und anfangs musste jedes 9. Kind Eintritt zahlen. Der Kinderfesttag kam auch bei den großen Leuten gut an, so dass man gerne am Abend tüchtig nach feierte. 1853 wurde am Sonntag nach dem Kinderfest erstmals ebenso ein Fest für das er-

wachsene Volk ausgetragen, was die Geburts-
stunde für das bis heute durchgeführte Volksfest
war. Dafür gab es in Malchow aber kein Schüt-
zenfest wie in anderen Städten. Seit 1996 werden
auf diesem Volksfest überlieferte Episoden aus
der Malchower Stadtgeschichte als historisches
Spektakel aufgeführt.

W

Wandschneider, Wilhelm

Bildhauer, geboren am 6. Juni 1866 in Plau am See und gestorben am 23. September 1942 in Plau. Wandschneider lernte in der Malerwerkstatt des Vaters, ging im Sommer 1884 auf Wanderschaft nach Güstrow, Rostock und März 1885 nach Berlin. Sein künstlerisches Talent wurde bald erkannt. Unter Vermittlung des Plauer Bürgermeisters erhielt er vom mecklenburgischen Großherzog ein Stipendium zur weiteren Ausbildung an der Königlichen Kunstschule zu Berlin. Wandschneider besuchte die besten Bildhauerschulen in Berlin, arbeitete freischaffend und erhielt deutschlandweit Aufträge zur Gestaltung insbesondere von öffentlichen Denkmälern. In Mecklenburg bekamen die Orte Güstrow mit dem Brinckman-Brunnen „Voß un Swinegel", Rostock mit Denkmal Friedrich Franz III. (zerstört), Warnemünde mit Platte für J. Brinckmann-Stein, Schwerin mit Denkmal für Heinrich von Stephan, Stavenhagen mit dem Reuter-Denkmal, Teterow mit dem „Hechtbrunnen" und Karow mit dem Schlutius-Mausoleum herausragende Arbeiten aus Wandschneiders Werkstatt. In Malchow schuf er

1920 für das Denk- und Mahnmahl der Gefallenen des Ersten Weltkriegs die Figur der „Sterbende Gallier", an der Wandschneider bereits Nazi-Symbolik einsetzte. Nach 1945 wurde in Malchow das komplette Denkmal vom Neuen Markt entfernt, in die Anlage bei der Stadtkirche verbannt, die Plastik wurde zunächst verwahrt und dann wegen der Nazisymbolik eingeschmolzen. Am Neuen Markt entstand das sowjetische Ehrenmahl. Leben und Werk des Künstlers sind seit 1994 im Plauer Bildhauermuseum Prof. Wandschneider dokumentiert.

Wappen

Das Wappen von Malchow wurde am 10. April 1858 von Friedrich Franz II., Großherzog von Mecklenburg-Schwerin, bestätigt und heute unter der Nr. 76 der Wappenrolle von Mecklenburg-Vorpommern registriert. Das Wappen zeigt in Blau eine goldene Mauer mit zwei Türmen mit bogenförmigen Stützen, Zinnenkränzen, Spitzdächern und Knäufen; zwischen den Türmen oben ein goldenes Herz, darunter ein silberner Vogelkopf, der im Schnabel einen goldenen Ring mit silbernem Stein hält. Nach F. Lisch (1801-1881) könnten die beiden Türme als die beiden Stadteingänge (Stadttore) von Norden und Süden auf die Insel gedeutet werden. Der Vogelkopf befindet sich ebenso im Wappen der Familie Flotow, die zu drei Sechsteln die Gerichtsbarkeit über Malchow besaß.

Werleburg, Haus des Gastes

Altbekanntes Hotel mit Zimmern, Gastraum, Speisesaal und Tanzsaal; das 1902 als Hotel „Fürst Blücher" in der Bahnhofstraße eröffnet wurde. Der Besitzer hatte es nach dem königlich preußischen Feldmarschall Gebhard Leberecht von Blücher und Fürst von Wahlstatt (1742-1819) benannt, später erhielt die gastronomische Einrichtung noch andere Namen: Griphans Gaststätten, HO-Gaststätte Werleburg, Haus des Gastes. Bis 1945 wechselte das Hotel mehrmals den Besitzer und diente nach 1945 ebenfalls zwei Jahre als Sitz für die sowjetische Zivilkommandantur. 1984 kaufte die Stadt das Hotel auf, ließ das stark marode Gebäude notdürftig sanieren und erhalten. Nach der Wende wurde der Bau durch eine stufenweise Sanierung und Modernisierung vor dem vollständigen Verfall gerettet durch das Architekturbüro Petersen und Pörksen (Lübeck), so dass die Werleburg als Haus des Gastes im Frühherbst 1997 teilweise wieder eröffnet wurde und seit 1999 wurde die Werleburg vollständig als Hotel und Veranstaltungscenter eröffnet.

Wiwarberg

Slawischer Burgwall, auch Wiwerbarg, heute noch existierende Reste eines Burgwalls auf einem Vorsprung am See bei Laschendorf. Das Flächendenkmal gehörte ehemals zur Werleburg, die unter Nikolaus Werle gebaut und im 12. Jahrhundert zerstört wurde. Auch in der mecklenburgischen Sagenwelt hat der Burgwall seinen besonderen Platz gefunden, als einer der Wohnsitze der „Ünneerierdschen". Hässliche Weiblein, öfter Zwerge sollen ihr Unwesen getrieben haben. Man glaubte, dass ein unterirdischer Gang vom Wall nach Malchow führte, wohin sie nachts zum Backen, Braten und Vergnügen in die Stadt gelangten. Deshalb sollen sie in besonderen Nächten, wie in der Johannisnacht, auf dem alten Markt zu Malchow anzutreffen gewesen sein. Die Abwandlung von „Wiwar" in „Wiwer" wird von Volkskundlern auf heidnische Fruchtbarkeitsriten zurückgeführt oder mit der Ansiedlung des Ordens der „Büßenden Schwestern der heiligen Maria Magdalena" am Südufer des Sees im 13. Jahrhundert erklärt.

Z

Zerrahn, Karl

Dirigent. Er wurde am 28. Juli 1826 in Malchow geboren und starb nach 1898. Frühzeitig begann er mit 12 Jahren ein Musikstudium in Rostock, später Hannover und Berlin. Die Revolution 1848 veranlasste ihn Europa zu verlassen. Er gründete die Germania-Musikgesellschaft, spielte als Flötist und absolvierte ein großes Konzertprogramm mit seiner Tournee, die ihn bis nach Amerika führte. Als sich die Musikgesellschaft Mitte des 19. Jahrhundert auslöste, setzte Karl Zerrahn ab 1856 seine Karriere als Dirigent fort, u. a. an der Händel- und Heydengesellschaft in Boston. Grosse Popularität erlangte er als Leiter der Musikfeste in Worcester.

Ziegelei

Von 1785 bis 1904 arbeitete die Malchower Klosterziegelei mit Sitz in Laschendorf. Eine städtische Ziegelei begann man 1803 zu errichten, die Stadtziegelei wurde auf der Klosterseite 1822 fertig und war bis 1989 in Produktion. Seit 1975 wurden hier hauptsächlich bis zur Schließung Betonsteine hergestellt. Von 1899 bis 1931 existierte am Ende der Mühlenstraße die Ziegelei der Firma Ernst Virck, die von 1931 bis 1935 noch die Kalksandsteine fertigte. Ende der 30-ger Jahre wurde die Stadt Eigentümerin der Ziegelei und verpachtete sie 1938 an den 31-jährigen Ziegeleitechniker Wilhelm Mennerich (1907-1976) für 15 Jahre. Nach dem 2. Weltkrieg war Mennrich in der nun volkseigenen Ziegelei von 1951 bis 1972 als Betriebsleiter tätig. Mit dem Jahr 1964 wurde die Malchower Ziegelei mit den Werken in Altentreptow, Groß Wokern, Möllenhagen, Neukalen und Woldegk sowie dem Kalksandsteinwerk in Demmin zum VEB Vereinigte Ziegelwerke Neubrandenburg, Sitz Möllenhagen, vereinigt.

Zöllner, Karoline von

Schriftstellerin, geborene Grape, mit dem Pseudonym Caroline von Göhren. Sie wurde 1795 in Göhren bei Malchow geboren und starb 1868 in Dresden. Sie war mit Leutnant v. Zöllner verheiratet. Von ihr wurden mehrere Romane bekannt u. a. „Robert" 1847, „Glieder einer Kette" (1851), „Die Einquartierung" (1852) und „Frauenliebe und Künstlerberuf" (1856).

www.ingramcontent.com/pod-product-compliance
Lightning Source LLC
Chambersburg PA
CBHW021507090426

42739CB00007B/508